마르크스,
자본주의의
비밀을 밝히다

마르크스, 자본주의의 비밀을 밝히다

조셉 추나라 지음 / 차승일 옮김

마르크스, 자본주의의 비밀을 밝히다

지은이 조셉 추나라
옮긴이 차승일
펴낸곳 도서출판 책갈피
등록 등록 1992년 2월 14일(제2014-000019호)
주소 서울 성동구 무학봉15길 12 2층
전화 02)2265-6354
팩스 02)2265-6395
이메일 bookmarx@naver.com

첫 번째 찍은 날 2010년 7월 10일
네 번째 찍은 날 2024년 3월 1일

값 11,000원
ISBN 978-89-7966-074-6 03320
잘못된 책은 바꿔 드립니다.

차례

일러두기

1. 이 책은 Joseph Choonara, Unravelling Capitalism: A Guide to Marxist Political Economy(Bookmarks, 2009)을 번역한 것이다.

2. 인명과 지명 등의 외래어는 최대한 외래어 표기법에 맞춰 표기했다.

3. ≪ ≫ 부호는 책과 잡지를 나타내고, 〈 〉 부호는 신문과 주간지를 나타낸다. 논문은 " "로 나타냈다.

4. 본문에서 [ ]는 옮긴이가 우리말로 옮기면서 독자의 이해를 돕고 문맥을 매끄럽게 하기 위해 덧붙인 것이고, 지은이가 덧붙인 것은 [― 추나라]라고 표기했다.

5. 본문의 각주에서 (추나라)를 표기한 것은 지은이가 덧붙인 것이고, 나머지는 모두 옮긴이가 덧붙인 것이다.

옮긴이 머리말

2008년 시작된 세계경제 위기로 자본주의의 정당성이 많이 훼손됐습니다. 특히 위기의 진앙지가 현재 자본주의 체제의 심장인 미국이기에 더더욱 그렇습니다. 그 과정을 돌아보면 어처구니가 없습니다. 사람들에게는 도박하지 말라고 비난하면서 정작 자신들은 더 큰 도박을 하고 있었습니다. 다른 사람에게 빌려주려고 돈을 빌리고, 그걸 상품으로 포장해서 판매하고, 또 그걸 보험에 들고, 또다시 상품으로 만들어 판매하고 …… 이런 식으로 키워 놓은 거품이 얼마나 크고 그것이 터지면 파장이 얼마나 클지 아는 사람은 아무도 없었습니다. 우리 사회에서 가장 똑똑하고 잘났다고 하는 사람들이 이처럼 언뜻 보기에도 비합리적인 일을 왜 하는 걸까요?

　더 심각한 문제는 이런 도박 탓에 아무런 잘못 없는 평범한 사람들이 큰 피해를 본다는 것입니다. 사고 친 사람은 따로 있는데 왜 죄 없는 사람들이 그 책임을 져야 할까요? 죽을 둥 살 둥 일한 죄밖에 없는 노동자들이 왜 임금이 깎이고 일자리를 잃어야 할까요? 일하고 싶은 사람은 많은데 왜 일자리는 없을까요? 가난은 정말 나라님도 해결하지 못하는 걸까요? 세계적으로는 식량이 남아돈다던데? 자본주의가 가장 합리적인 체제라는 교과서의 가르침은 과연 사실일까요?

　최근 경제 위기가 미친 파급력 때문에 사람들 사이에서 이런 궁금증이 커졌습니다. 한동안 죽은 개 취급을 당하던 마르크스가 다시 관심을 받기 시작한 데는 이런 배경이 있습니다. 전 세계에서 ≪자본론≫의 판매가 늘었고, 한국에서도 ≪자본론≫을 쉽게 설명한 해설서들이 출판돼 관심을 끌었습니다. 자본주의 자체의 모순으로 말미암아 위기가 발생한다고 지적한 마르크스의 주장이 다시 관심을 받는 것은 반가운 일입니다. 마르크스는 단순히 자본주의 위기의 원인을 분석하기만 한 것이 아니라 그 위기를 딛고 더 자유롭고 평등한 사회를 새롭게 건설할 가능성에 관해서도 말했습니다.

　사실 ≪자본론≫은 그리 쉬운 책은 아닙니다. 분석 대상인 자본주의 자체가 매우 복잡하기 때문이죠. 그래서 마르크스의 주장을 알고 싶지만 곧바로 ≪자본론≫에 도전하기는 두려운 독자들에게 ≪마르크스, 자본주의의 비밀을 밝히다≫를 추천합니다. 이 책은 마르크스의 핵심 주장을 쉽고 간명하게 설명합니다. 경제학을 전공하지 않았더라도, 경제 신문에 나오는 용어를 전부 알지 못하더라도 쉽게 이해할 수 있습니다. 이것이 이 책의 첫째 장점입니다.

그런데 단지 쉽기만 하다면 다른 해설서와 별 차이가 없을 것입니다. 오히려 번역서라는 단점이 더 커 보일 수도 있겠죠. 그러나 이 책에는 그런 핸디캡을 뛰어넘는 더 큰 장점이 있습니다. ≪자본론≫을 쉽게 풀어 쓴 해설서들은 마르크스가 ≪자본론≫을 집필한 핵심 취지를 잘 살리지 못하는 함정에 빠지곤 했습니다. 그래서 쉽긴 하지만 마르크스의 정신이 살아 숨쉬지 않는, 그래서 따분한 교과서가 돼 버리기 십상이죠. 이 책의 저자인 조셉 추나라는 마르크스의 눈을 빌어 자본주의의 비밀을 파헤치면서 그 안에 새로운 사회의 씨앗이 자라고 있다는 것을 보여 줍니다. "그동안 철학자들은 세계를 이렇게 저렇게 해석했지만, 중요한 것은 세계를 변화시키는 것"이라는 마르크스의 말처럼, 자본주의 안에 새로운 사회가 꿈틀거리고 있으며 우리의 노력으로 그 씨앗을 틔울 수 있다는 점을 놓치면 마르크스의 정치경제학은 속 빈 강정이 될 것입니다.

마르크스의 사상을 소개하는 책들이 때때로 빠지는 또 다른 함정은, '마르크스는 이랬어, 마르크스는 저랬어' 하면서 현실을 이론에 끼워 맞추려고 하는 것입니다. 물론 마르크스가 천재였던 것은 분명한 듯합니다. 마르크스의 저작을 읽다 보면 그 설명이 지금 상황과 너무나도 잘 맞아 떨어져, '지금 상황을 보고 쓴 거 아니야?' 하는 생각이 들기도 합니다. 마르크스가 그렇게 할 수 있었던 것은 자본주의가 굴러가는 기본 동역학을 정확히 이해했기 때문일 것입니다.

그러나 마르크스가 아무리 천재였더라도 현대 자본주의의 구체적 모습을 모두 정확히 설명할 수는 없는 노릇입니다. 조셉 추나라도 지적하듯이, 마르크스 사후의 자본주의를 분석하는 것은 후대의 몫입니다. 현실, 특히 자본주의는 끊임없이 변하기 때문에, 이런 변화를 설명하지 못하는 이론은 아무 쓸모없는 박제가 될 것입니다. 이 책의 3부에서 조셉 추나라는 마르크스의 관점으로 자본주의의 탄생, 제국주의의 발현, 두 차례의 세계대전과 장기 호황, 현재의 새로운 위기 시대로 들어설 때까지의 과정을 설명하면서 세계대전은 왜 일어나게 됐는지, 장기 호황은 어떻게 가능했는지, 왜 다시 위기에 빠지게 됐는지 등의 질문에 답합니다. ≪마르크스, 자본주의의 비밀을 밝히다≫는 이론에 비춰 현실을 분석하고 다시 현실에 맞게 이론을 발전시키는 과정을 보여 주며, 살아 숨쉬는 마르크스주의 정치경제학을 우리에게 선물합니다.

이런 장점들 덕분에 번역 과정에서 나 자신이 많이 배울 수 있었고, 그래서 이 책을 번역하게 된 것을 행운이라고 생각합니다. 그런 만큼 더 큰 애착을 갖고 번역했습니다.

마지막으로 이 책을 번역하는 데 도움 준 모든 분들께 감사의 인사를 전합니다. 우선 원고를 꼼꼼히 교열해 주고 멋지게 편집해 준 출판사 분들에게 감사합니다. 또, 사고를 당해 병원에 입원한 와중에도 조언을 아끼지 않은 심호철 씨에게 감사드립니다. 그의 덕분에 회계학 용어와 관련해 적절한 역어를 찾을 수 있었습니다.

2010년 3월 12일

차승일

한국어판 머리말

2008년 여름 내가 이 책을 쓰기 시작할 때는 당시 확산되고 있던 경제 위기를 단지 금융 부문에 국한된 것이라고 보는 견해가 다수였습니다. 소수 마르크스주의자들, 특히 크리스 하먼*의 주장은 달랐습니다. 마르크스주의자들은 당시 위기가 — 지배자들이 체제 실패의 책임을 우리에게 떠넘길 수만 있다면 체제가 유지될 것이므로 '최종적 위기'는 아니지만 — 체제의 위기이며, 이것이 자본주의에 엄청난 영향을 미칠 것이라고 주장했습니다.

이 책이 인쇄에 들어갈 당시[2009년 봄]에는 미국의 리먼브러더스* 파산과 수십 년 만에 가장 심각한 불황에 빠진 세계 주요

● 크리스 하먼(Chris Harman, 1942~2009) 영국 사회주의노동자당 중앙위원이자 좌파 이론지 《인터내셔널 소셜리즘》 편집자였습니다.

● 리먼브러더스홀딩스(Lehman Brothers Holdings Inc) 미국의 투자은행. 2008년 9월에 파산 신청을 했습니다.

경제의 하락세가 일단락됐습니다.

당시 IMF는 경제 붕괴 때문에 생산이 4조 달러 줄어들 것이라고 예측했습니다. 이만한 돈을 극소수의 탐욕이 아니라 사람들에게 필요한 것을 제공하는 데 썼으면 어땠을까요? 그랬다면 지난 30년 동안 기초적인 것도 누리지 못한 전 세계의 모든 사람들에게 교육, 보건, 식료품, 물, 위생을 제공했을 것입니다.

오늘날, 내가 이 책의 한국어판 서문을 쓰고 있는 2010년 초의 자본주의 체제는 부진하고 취약하며 불확실한 회복기에 들어섰습니다.

부진한 이유는, 위기가 혹독하기는 했지만, 아직 자본주의의 근본적 모순을 해소할 만큼 충분히 심각하지도 길지도 않았기 때문입니다. 마르크스는 경제가 급속하게 성장하려면 우선 "어마어마한 양의 자본이 소멸"해야 한다고 주장했습니다.

취약한 이유는, 위기의 전조가 다시 나타나고 있기 때문입니다. 부채가 빠르게 늘어나고, 금융 부문이 그것을 관장하는 자들이 터무니없이 많은 이윤을 챙기면서 팽창하고, 각국 경제들 사이의 불균형이 심해지고 있습니다. 그래서 어느 한 군데라도 문제가 생기면 체제 전체가 새로운 충격에 휩싸입니다.

불확실한 이유는, 위기가 총체적 붕괴로 발전하지 못하게 국가들이 역사상 전례 없는 규모로 조직적으로 경제에 개입했기 때문입니다. 이제 각국 정부는 경기 부양책을 중단하고 지출한 돈을 회수해야 하는데, 이것은 환자가 충분히 회복하기도 전에 인공호흡기를 떼는 꼴이 될 수 있습니다.

미래는 여전히 불확실하지만, 경제 위기는 계속해서 정치에 중대한 영향을 미치고 있습니다.

경제 위기의 몇 안 되는 긍정적 효과 중 하나는 우리 세대의 이데올로기적 확실성이 흔들리게 된 것입니다. 이 때문에 체제가 노동자들에게 강요하는 생활수준 저하에 맞서 많은 나라에서 투쟁의 조짐이 나타나고, 칼 마르크스의 혁명적 사상이 다시 관심을 끌고 있습니다.

남한의 노동자들과 학생들이 이러한 투쟁에 나서고 마르크스의 사상을 이해하는 데 내 책이 조금이나마 도움이 되길 바랍니다.

2010년 2월
조셉 추나라

머리말

자본주의가 위기를 겪으면서 마르크스주의 정치경제학에 대한 관심이 높아졌습니다. 이 책을 쓴 목적은 이런 관심에 부응해 마르크스의 사상을 소개하고 오늘날 자본주의 체제에는 어떻게 적용되는지를 간략하게나마 보여 주는 데 있습니다.

이 책을 쓰고 있는 2008년 말에, 자본주의가 실패했다는 점은 매우 분명해 보입니다. 2007년 가을 미국 주택시장의 거품이 꺼지면서 금융공황이 시작됐고 세계경제가 침체에 빠졌습니다. IMF는 우리가 이미 1930년대 "대공황 이래 가장 심각한 금융공황"의 한복판에 있다고 발표했습니다. 문제가 얼마나 심각하고 얼마나 오래갈지는 아무도 모르지만 세 가지 사실은 명백합니다. 첫째, 세계경제에 낀 이런저런 거품 때문에, 마르크스주의 관점에서 보면 오래전부터 분명했던 사실이 은폐됐습니다. 즉, 1950~1960년대의 지속적 성장기와 비교하면 [지금의] '실물' 경제는 매우 취약합니다. 둘째, 미국 연방준비제도이사회, 영국 재무부, 은행과 다국적기업의 이사회 등 높은 곳에서 명령을 내리는 사람들에게는 자신들의 체제를 설명할 수 있는 체계적 이론이 없습니다. 그들은 혼란과 낙관 사이를 왔다 갔다 할 뿐입니다. 셋째, 레닌이 말했듯이 정치는 "경제의 축약판"입니다. 경제 위기 때문에 체제의 정치적 분열이 심각해집니다.

한 나라 안에서도 지배계급이 분열해 위기를 어떻게 해결할지를 두고 다툼이 일어나고 국제적으로도 위기에 따른 부담을 서로에게 떠넘기려고 하면서 제국주의적 갈등이 심각해집니다. 그러나 세계 지배계급은 모두 자기 나라의 노동계급에게 위기의 고통을 전가하려 한다는 점에서는 똑같습니다.

최근의 격렬한 경제 위기는 자본주의의 더 장기적인 고질병을 악화시키고 있습니다. 이 점은 이제 자본주의에 완전히 편입한 가난한 나라 사람들에게서 가장 극명하게 나타납니다. 유엔의 보고서를 보면, 약 1억 명이 하루 생활비가 평균 1달러도 안되고, 세계 인구의 40퍼센트인 26억 명은 하루에 2달러도 안 되는 돈으로 생계를 유지합니다. 이런 메마른 통계의 이면에는 말로 다 하지 못할 고통과 참상이 있고, 이에 맞서 최근 몇 년 동안 이집트나 볼리비아 같은 나라에서 노동자들이 영웅적으로 저항하기도 했습니다.

제3세계라고 불리는 곳의 사람들 대다수가 겪는 일상의 끔찍함은 가장 부유한 나라에서도 발견됩니다. 역사상 가장 부유한 나라인 미국에서는 어린이의 5분의 1이 가난 속에서 성장합니다.* 노동자들은 늘어나는 스트레스와 장시간 노동에 시달립니다. 지난 20년 동안 제조업 노동자의 한 해 노동시간이 2주 늘었습니다. 그러는 동안 극소수는 상상도 못할 만큼 많은 부를 쌓았습니다. 미국은 가장 부유한 1퍼센트의 소득이 전체 소득의 20퍼센트를 차지하는데, 이 수치는 1970년대보다 갑절로 뛴 것입니다. 극단적 빈부 격차는 모든 나라에서 찾아볼 수 있습니다. 제3세계에도 갑부가 있고 이들은 세계 자본가 엘리트의 일부입니다. 세계에서 가장 부유한 1억 명이 소유한 부가 세계 인구 절반이 소유한 부와 맞먹습니다.

● 소득이 중위소득의 절반도 안 되는 가구를 기준으로 한 것입니다(추나라).

이런 상황에서 1990년대 말에 새로운 저항의 시대가 시작됐습니다. 점점 커지고 있던 반자본주의 정서는 1999년 시애틀 거리*와 G8 정상회담이 열린 2001년 이탈리아 제노바에서 가장 분명하게 표출됐습니

● 전 세계에서 모인 시위대가 이곳에서 WTO 정상회담을 좌절시켰습니다(추나라). 아래 사진.

다. 그러나 이런 거리의 운동 뒤에는 자본주의 체제를 쥐락펴락하는 다국적기업과 권력자들에 대한 불신이 훨씬 더 폭넓게 존재했습니다. 반자본주의 운동에 참여한 많은 사람들은 초기에는 경제적 불평등과 제3세계 수탈에 관심을 뒀습니다. 나중에는 많은 사람들이 2001년 9월 11일 이후 미국 지배자들이 시작한 전쟁 몰이에 반대하는 운동으로 옮아갔습니다. 일부는 지구온난화와 이것이 인류에게 가하는 위협을 둘러싼 논쟁에도 참가합니다.

이런 쟁점들은 모두 훨씬 더 넓은 시야를 갖게 해 줍니다. 이를 통해 사람들은 자본주의 체제가 어떻게 움직이고 왜 고장이 나는지를 알 수 있고, 체제의 강점과 약점을 이해하게 돼, 결국 자본주의 체제를 전복하고자 노력하게 될 것입니다. 마르크스주의는 이 모든 문제를 마법처럼 해결해 주는 만능 처방전은 아니지만, 이런 문제를 해결하려는 운동을 벌일 때 없어서는 안 될 도구입니다. 마르크스주의 경제학에 대한 관심이 높아지는 까닭입니다.

크리스 하먼^{Chris Harman}, 알렉스 캘리니코스^{Alex Calinicos}, 마크 토머스^{Mark Thomas}, 제니퍼 브라운리히^{Jennifer Braunlich}에게 감사드립니다. 그들이 독려해 주고 교정해 주고 다양한 제안을 해 준 덕분에 이 책이 나올 수 있었습니다.

1부
자본주의의 비밀

비밀을 숨기는 체제

1872년에 마르크스는 《자본론》 1권*의 프랑스어판을 시리즈 형식으로 출판하려는 계획을 칭찬하는 편지를 썼습니다. 편지에서 마르크스는 "그렇게 하면 노동자들이 《자본론》을 더 쉽게 읽을 것입니다. 이것이 가장 중요합니다" 하고 썼습니다.

　《자본론》은 전통적 경제학 서적들과는 사뭇 달랐습니다. 《자본론》에는 다음과 같은 독설이 담겨 있습니다.

● 1867년에 발간된 《자본론》 1권 표지.

　자본주의 체제에서 사회적 노동생산성 향상은 모두 개별 노동자들의 희생을 대가로 치렀다. 그런 향상은 노동자의 인격을 파괴하고, 노동자를 기계의 부속품으로 전락시키고, 노동의 즐거움을 마지막 한 조각까지 깨뜨려 혐오스러운 고역으로 만든다.

마르크스가 총 세 권의 《자본론》을 쓴 목적은 단 하나였습니다. 자본주의의 '운동 법칙'을 이해해 그 전복을 앞당기기 위해서였습니다. 이 책의 주된 독자는 마르크스가 자본주의를 전복하는 데 핵심이라고 여긴 노동계급이었습니다. 그러나 마르크스는 독자들이 《자본론》을 읽느라 골머리 썩이며 낙담할까 봐 걱정했습니다. 그는 프랑스어판 발행자에게 보낸 편지 말미에 다음과 같이 썼습니다. "과학에는 왕도가 없습니다. 다만 고단한 산행을 두려워하지 않으며 험한 길을 뚫고 찬란한 정상에 서는 사람만이 있을 뿐입니다." 《자본론》을 읽으며 독자들이 어려움에 부딪히는 주된 이유는 마르크스가 글을 어렵게 썼기 때문이 아니라 그가 다룬 주제인 자본주의 자체의 성격 때문입니다.

● 프리드리히 엥겔스(Friedrich Engels, 1820~1895) 독일의 혁명적 사회주의자로 마르크스의 평생 동지였으며 제1인터내셔널을 창립해 함께 지도했습니다. 사진은 마르크스와 세 딸 그리고 엥겔스(1864년 런던).

자본주의는 특수한 '생산양식'입니다. 종種으로서 출현한 이래로 인류는 필요한 것을 생산하기 위해 함께 일하는 방식, 즉 생산양식을 다양하게 고안해 왔습니다. 마르크스의 장례식에서 그의 절친한 친구이자 동료인 프리드리히 엥겔스●

는 마르크스가 어떻게 생산양식을 특수한 사회의 작동 방식을 폭넓게 이해하기 위한 기초로 삼게 됐는지를 설명했습니다.

다윈●이 유기체의 발전 법칙을 밝힌 것과 꼭 마찬가지로 마르크스는 인류 역사의 발전 법칙을 밝혀냈습니다. 지금까지 너무 많은 이데올로기에 가려져 있던 간단한 사실, 즉 인류는 우선 먹을 것, 마실 것, 입을 것, 쉴 곳을 마련한 후에야, 즉 당장 필요한 물질적 수단을 생산한 후에야, 정치・과학・예술・종교 등을 고민할 수 있다는 사실을 말입니다. 따라서 특정한 시대의 특정한 사람들이 이룩한 경제적 발달 정도가 토대를 형성했고, 이 토대 위에서 국가기구, 법 개념, 예술, 심지어 종교관 등 사람들과 관련된 모든 것이 진화한 것입니다. 그러므로 이런 사실에 비춰 보면, 지금까지와는 반대로 말해야 할 것입니다.

●찰스 로버트 다윈(Charles Robert Darwin, 1809~1882) 진화론의 정립에 기여한 생물학자.

경제학은 우리 삶에서 한 부분만 떼어다 설명하는 메마른 학술 연구가 돼서는 안 됩니다. 어떻게 인간이 당장 필요한 것을 충족하게 되는지를 설명하면서 무엇이 인간을 인간답게 하는지를 밝힌 후에야, 그 토대 위에서 여러 사회현상이 어떻게 일어나는지를 설명할 수 있습니다. 인류가 생산을 조직하는 방식은 매우 다양했습니다. 수세기 전에 우리 선조들은 사냥하거나 식용 식물을 채집하거나 농사를 지었습니다. 오늘날 우리는 첨단 기계라는 거대한 집적물을 사용해 식료품·의류·텔레비전·냉장고 등 모든 것을 생산합니다.

자본주의와 그 이전 사회의 차이 가운데 가장 두드러진 것은 십중팔구 생산과정에서 일어나는 일일 것입니다. 자본주의 이전 사회에서는 사람들이 주로 자기가 소비하려고 생산했지만, 자본주의는 다릅니다. 자동차 공장에서 일하는 노동자가 자동차를 먹을 수 있는 것은 아닙니다. 맥도널드 매장에서 일하는 종업원이 햄버거로 집을 짓거나 자동차를 만들 수도 없는 노릇입니다. 자본주의에서 생산되는 재화는 당장의 필요를 충족시키기 위해서가 아니라 판매하려고 생산되는 것입니다. 마르크스가 《자본론》 첫 쪽에 썼듯이, "자본주의적 생산양식이 지배하는 사회에서는 부富가 상품의 방대한 집적集積으로 나타납니다."

자본주의는 상품 생산 체제입니다. 재화는 시장에 내다 팔려고 생산됩니다. 그러나 바로 이 사실이 체제가 작동하는 방식을 숨기고 체제의 '운동 법칙'을 감춥니다. 가판대에서 신문을 한 부 구입하는 것처럼 간단한 자본주의 경제행위를 생각해 보죠. 사람들은 돈을 지불하는 대신에 상품을 하나 받습니다. 얼핏 보기에 이 과정은 물건들(동전 몇 개와 신문)의 관계인 듯합니다. 그런데 여기서 중요한 질문이 제기됩니다. 신문은 어디서 나오는 것일까요? 기자와 편집자와 사진기자와 디자이너가 신문의 내용을 생산합니다. 인쇄 노동자가 잉크로 종이에 글자를 인쇄합니다. 종이는 또 다른 생산과정의 결과물인데, 결국 멀리 떨어진 숲에서 벌목꾼들이 베어 낸 나무로 만든 것입니다. 윤전기와 기자들이 사용하는 컴퓨터는 또 다른 노동자들이 생산한 것입니다. 얼핏 보면 '물건들'의 단순한 교환처럼 보이지만 자세히 들여다보면 사람들의 관계, 특히 상품을 생산하는 노동자들의 광범한 네트워크가 끝없이 펼쳐집니다.

　자본주의 이전 사회에서는 재화를 생산하는 사람들 사이의 관계가 눈에 빤히 보였습니다. 자본주의에서는 이 관계가 감춰지고 신비해집니다. 마르크스가 말했듯이, "사람들 사이의 명확한 사회관계"가 "물건들 사이의 관계라는 신비한 형태"로 바뀝니다. 마르크스는 이런 현상을 '상품 물신성物神性'이라고 불렀습니다. '물신'이라는 말은 원래 사람들이 영혼이나 신비한 힘이 깃들어 있다고 믿으며 숭배하는 대상을 뜻했습니다. 자본주의에서는 사람들이 생산한 물건이 독자적으로 생명을 갖는 듯 보이면서 물신이 됩니다. 이런 종류의 물신은 종교적 의미의 물신과 다릅니다. 중요한 것은, 자본주의에서는 상품에 내재된 힘이 실질적 힘이기도 하다는 것입니다. 돈(화폐)을 예로 들면, 이 특별한 '보편적' 상품은 다른 모든 것과 교환됩니다. 돈의 힘은 사람들이 두려워하거나 경외하는 초자연적 존재의 힘과는 다릅니다. 돈은 실질적 힘의 원천입니다. 마르크스는 다음과 같이 썼습니다.

돈의 힘이 세질수록 내 힘도 세진다. 돈의 속성이 소유자인 나의 속성이자 나의 가장 중요한 힘이다. 따라서 내가 누구이고 무엇을 할 수 있는지는 결코 내 개성에 따라 결정되는 문제가 아니다. 나는 추남이지만 매우 아름다운 여성을 살 수 있다. 그러므로 나는 추남이 아니며, 못생긴 데서 비롯한 불쾌감조차 돈 덕택에 사라진다. 나는 개인으로 보자면 절름발이지만, 돈은 내게 스물네 개의 다리를 구해 줄 수 있다. 그러므로 나는 절름발이가 아니다. 나는 성질이 못되고 부정직하고 파렴치하고 멍청하지만, 돈이 존경받으므로 그 소유자도 존경받는다. 돈이 지고지상이므로 그 주인도 지고지상이 된다. 게다가 내가 정직하지 않아서 곤경에 처해도 돈은 나를 구해 준다. 그러므로 나는 정직한 사람이 된다. 나는 멍청하지만, 돈이 만물의 지혜인데 어찌 그 소유자를 멍청하다고 할 수 있겠는가? 게다가 그 소유자는 현명한 사람을 살 수 있는데, 현명한 자를 지배하는 사람보다 더 현명한 사람이 어디 있는가? 돈 덕택에 인간의 마음이 바라는 것을 모두 할 수 있는 나는 인간의 능력을 모두 갖춘 사람이 아니겠는가? 그러므로 돈이 내 무능을 정반대로 바꾸는 것 아니겠는가?

심지어 돈은 더 많은 돈을 끌어모으는 재주도 있는 것처럼 보이는데, 예를 들어 이자가 생기거나 갑부들이 헤지펀드*에 투자하고 주식시장에 투기하는 것을 보면 그렇습니다. 돈은 실질적

● 헤지펀드(Hedge Fund) 주식시장과 외환시장에 투자해 단기 이익을 올리는 투자 기금.

힘이 있지만, 돈에 이런 힘이 있는 이유, 즉 그 힘의 사회적 뿌리는 신비화됩니다. 다른 상품도 마찬가지입니다.

마르크스의 저작들, 특히 ≪자본론≫은 복잡합니다. 이는 마르크스가 자본주의의 겉모습을 벗겨 내고 인간 사이의 사회적 관계를 고찰하고자 했기 때문입니다. 이 관계야말로 체제가 어떻게 작동하는지, 문제가 생기는 이유는 무엇인지를 설명해 줄 수 있습니다.

자본주의를 얼핏 보면 처음에는 절망적일 만큼 복잡합니다. 인플레이션이니 파생상품* 시장이니 선물시장이니 '구조화투자회사'*니 '부채담보부증권'*이니 하는 것을 처음 듣는 사람은 어안이 벙벙해집니다. 그러면 두 가지 유혹을 느끼게 됩니다. 첫째는 이런 현상을 그대로 받아들이려는, 즉 신비화된 자본주의의 겉모습을 받아들이려는 유혹입니다. 주식시장과 헤지펀드는 마술같이 허공에서 가치를 창출하는 것처럼 보이는데, 일부 경제학자들은 이를 자연스러운 현상이라고 주장합니다. 둘째는 이런 현상을 아주 단순화해서 체제의 복잡한 측면을 무시하려는 유혹입니다.

마르크스는 두 가지 함정을 피합니다. 그는 신비화된 겉모습을 인정하면서 시작합니다. "어떤 것의 외양과 본질이 정확히 일치한다면 과학은 모두 필요 없을 것이다." 자본주의의 '운동 법칙'을 밝히려면 과학적으로 접근해야 했습니다. 마르크스에

●파생상품 환율이나 금리, 주가 등의 시세 변동에 따른 손실 위험을 줄이기 위해 미래 일정 시점에 일정한 가격에 상품이나 주식, 채권 등을 거래하기로 하는 금융 상품. 선도 거래, 선물, 옵션, 스와프 등으로 나뉩니다. 2008년 신용파산스와프(CDS) 가격이 폭락하면서 리먼브러더스가 파산했습니다.

●구조화투자회사(SIV) 미국의 투자은행들이 고수익 고위험 자산에 투자하기 위해 설립한 투자 전문 회사. 낮은 이자로 단기 채권을 발행해 조달한 돈으로 높은 이자의 주택담보증권, 채권담보부증권, 자동차 할부금, 학자금 대출, 신용카드 부채 같은 고수익 채권을 매수해 소수 투자자에게 수익을 줍니다. 서브프라임 모기지 사태 여파로 대규모 손실을 입었습니다.

●부채담보부증권(CDO) 고정 수익을 가져다주는 기초자산에 분산투자해 이익을 얻는 신용파생상품의 일종. 담보로 사용된 대출이나 회사채가 제때 상환되지 못할 경우 투자자의 손실로 이어집니다. 서브프라임 모기지 사태가 벌어지자 채권 가격이 폭락해 주요 금융회사들이 큰 손해를 입었습니다.

게 이것은 혼란스러운 겉모습으로부터 추상抽象해야 함을 뜻합니다.

마르크스의 접근 방식은 위대한 과학자 아이작 뉴턴이 그 유명한 운동 법칙을 발견했을 때 취한 방식과 유사합니다. 둘 다 추상의 결과물이었습니다. 뉴턴의 첫 번째 운동 법칙은 다른 힘이 가해지기 전에는 물체가 일정한 속도로 똑바로 운동한다는 것입니다. 그러나 지구 표면에서 움직이는 벽돌은 움직이다가도 곧 서서히 느려져 멈추게 됩니다. 뉴턴은 마찰력이나 공기 저항이 제거되면 어떤 일이 일어날지 물었습니다. 이것이 추상의 한 사례입니다. 그림을 혼란스럽게 만드는 표면적 현상들을 걷어 내고 가장 기초적인 요소를 고려하는 것입니다.

그러나 추상은 과학적 방법의 절반일 뿐입니다. 뉴턴은 추상적 운동 법칙도 설명해야 했지만, 세상에서 실제로 나타나는 현상, 즉 벽돌이 계속 일정한 속도로 똑바로 운동하는 것이 아니라 움직이다가 서서히 멈추는 현상도 설명해야 했습니다. 즉, 추상적 운동 법칙, 마찰, 공기 저항을 모두 고려해 물체의 실제 운동을 설명해야 했습니다. 이와 비슷하게 마르크스도 자본주의의 가장 기본적인 작동 방식을 이해하고, 그리고 나서 이 체제에서 일어나는 훨씬 더 복잡한 상황을 자기 이론으로 재구성하고자 했습니다. 이 과정을 마치면 기본적 '운동 법칙'이 어떻게 복잡한 겉모습을 만들어 내는지 분명해집니다. 마르크스가 ≪정치경제학 비판 요강≫*에 썼듯이, 우리는 다시 출발점에 섰지만 "이번에는 전체적으로 혼란스러운 개념을 가지고 선 것이 아니라, 수많은 정의定義와 관계의 풍부한 총체성 위에 서 있는 것"입니다.

● ≪정치경제학 비판 요강≫ 마르크스가 자신의 사상을 발전시킨 ≪자본론≫의 초고 (추나라).

　물론 이 과정은 끝이 없습니다. 자본주의에는 이해하기 힘든 현상이 많기 때문이기도 하지만 세월이 지나고 발전하면서 자본주의가 변하기 때문입니다. 이론은 세계가 변하는 속도를 결코 따라가지 못합니다. 마르크스가 책을 완성할 때마다 어려움에 부딪힌 이유 중 하나가 이것입니다. ≪자본론≫도 예외가 아닙니다. 처음에는 여러 권으로 기획했지만 마르크스 생전에는 1권만 출판됐습니다. 2권과 3권은 프리드리히 엥겔스가 마르크스의 미완성 원고를 모아 유작으로 출판한 것입니다. 그래서 ≪자본론≫에는 어려운 내용도 많습니다. 그러나 ≪자본론≫은 자본주의를 혁명적으로 새롭게 이해하는 데 필요한 책입니다.

우유 한 통
= 신문 한 부

≪자본론≫은 간단한 질문으로 시작합니다. 어떻게 한 상품과 다른 상품이 교환될 수 있을까? 우유 한 통과 신문 한 부의 가격이 어째서 비슷할까? 두 상품은 서로 쓰임새도 다르고 성질도 다릅니다. 생산되는 방법도 서로 다릅니다. 그런데 어째서 가격이 같을까요? 둘 사이에는 어떤 연결 고리가 있을까요?

마르크스는 모든 상품에는 두 가지 가치가 있다고 주장합니다. 첫째는 그 물건이 얼마나 유용한가 하는 사용가치입니다. 마르크스는 다음과 같이 말합니다. "어떤 물건의 사용가치란 곧 그것의 유용성이다. 그러나 이 유용성은 허공에 떠 있는 것이 아니다. 상품의 물질적 속성에 의해 제약을 받으므로 상품과 동떨어진 유용성은 있을 수 없다." 다른 말로 하면, 앞서 말한 두 상품의 공통점을 그 상품들의 사용가치에서 찾을 수는 없다는 것입니다. 두 상품은 물질적 속성과 쓰임새가 서로 매우 다릅니다. 우유를 읽지 못하듯이 신문을 마시지도 못합니다.

둘째는 교환가치로, 이는 다른 상품과 바꿀 수 있는 한 상품의 양을 뜻합니다. 앞의 사례에서 신문 한 부는 우유 한 통과 바꿀 수 있으므로 두 물건의 교환가치는 같습니다. 교환가치는 사용가치를 반영한 것은 아닙니다. 누구나 공기가 없으면 살 수 없으니 공기의 사용가치는 막대하지만 교환가치는 없습니다. B-2 스텔스 폭격기는 대다수 사람들에게는 사용가치가 거의 없겠지만 교환가치는 엄청 큽니다. 이 폭격기는 우유 5억 통 정도의 가치가 있습니다.

그렇다면 교환가치는 어디서 생겨날까요? 가게에서 신문이나 우유와 같은 상품을 돈과 교환할 때 이런 상품을 생산하는 사회적 관계들이 얽힌 거대한 네트워크에 접근하게 된다는 사실을 앞에서 말했는데요. 마르크스는 모든 상품에 공통으로 어떤 중요한 속성이 있다고 설명합니다. 즉, 상품은 일정량의 인간 노동이 투입된 결과물이라는 것입니다. 마르크스는 교환가치의 이면에 다른 것이 있다고 주장하는데, 이것을 단순히 '가치'라고 부릅니다.

상품의 가치는 그것을 생산하는 데 들어간 노동의 양을 반영

● 아이작 뉴턴(Isaac New-ton, 1642~1727) 영국의 물리학자이자 근대 이론과학의 선구자. 뉴턴의 역학적 자연관은 18세기 계몽사상의 발전에도 큰 영향을 미쳤다고 평가받습니다.

합니다. 이 가치는 측정할 수 있습니다. "노동량은 …… 노동한 기간 …… 즉, 주週나 날이나 시간으로 측정할 수 있다."

그런데 가치란 정확하게 무엇일까요? 앞 장에서 다룬 분석 방법으로 돌아가 보죠. 가치는 아이작 뉴턴●이 설명한 중력이 우주에서 하는 것과 비슷한 구실을 하는 추상적 개념입니다. 우리는 중력을 보거나 만지거나 냄새 맡지 못합니다. 그러나 중력이라는 개념 덕분에 행성들이 태양 주위를 공전公轉하는 이유를 이해할 수 있습니다. 계단에서 굴러 떨어져 본 사람이라면 알 수 있듯이, 중력은 실제로 영향을 미칩니다. 물론 다른 점도 있습니다. 중력이 자연현상인 반면에 가치는 인간 사회의 산물입니다. 그러나 자본주의 사회에서 가치는 인간의 의지와 관계없이 세상을 형성하는 영원한 자연법칙처럼 보입니다. 실제로는 역사의 특수한 시기와 밀접하게 관련돼 있는 것인데도 말이죠.

그래서 적어도 자본주의 사회에서는 가치라는 개념 덕분에 우리는 서로 다른 두 상품의 교환가치가 같은 이유를 이해할 수 있게 됩니다. 직접 보지는 못하지만 가치는 실제로 영향을 미칩니다. 자본주의는 가치가 서로 다른 상품들을 한데 모아 비교, 등치시켜 교환하는 체제입니다. 가치가 모든 상품에 공통으로 있는 하나의 속성, 즉 그것을 만드는 데 투입된 인간 노동이라는 속성을 반영하기 때문에 이것이 가능합니다. 마르크스는 여기서 이미 급진적 논점을 제기한 것입니다. 자본가가 기업가의 재능이나 기계를 공장에 모아 놓았기 때문이 아니라, 노동자가 생산했기 때문에 상품이 가치를 갖게 됐다는 것이죠.

가치가 자본주의에서 왜 이토록 중요한 구실을 하는지 이해하려면 체제의 잘 알려진 또 다른 특징인 경쟁을 고려해야 합니다. 앞으로 보게 될 테지만, 예컨대 자본가를 자본가답게 행동하도록 만들어서 가치법칙을 실제로 관철시키는 힘이 바로 경쟁입니다. 선의를 가진 자본가가 아무리 그러지 않으려 해도 말이죠. 마르크스는 때때로 '수요 공급의 법칙'을 무시한다고 비난받습니다. 수요 공급의 법칙이란 주류 경제학이 경쟁을 분석하는 방식인데 가격 변화를 설명할 때 사용됩니다. 사실 마르크스는 수요와 공급의 중요성을 알고 있었지만, 이것만으로는 가치를 분석하지 못한다는 점을 깨달았습니다. 마르크스는 1865년에 다음과 같이 연설했습니다.

어떤 …… 상품의 …… 가치가 결국은 수요와 공급으로 결정된다는 생각은 틀렸습니다. 수요와 공급은 오로지 시장가격의 일시적 등락을 규제할 뿐입니다. 수요와 공급은 상품의 시장가격이 원래 가치 이상으로 상승하거나 그 이하로 하락하는 이유를 설명해 줄 뿐, 가치 자체는 전혀 설명하지 못합니다. 수요와 공급이 균형을 이뤄, 경제학자들이 말하듯이 둘이 서로 맞아떨어진다고 가정해 봅시다. 자, 이 대립적인 두 힘이 같아지는 바로 그 순간 둘은 서로를 마비시켜 어느 쪽으로도 작용하지 않게 됩니다. 수요와 공급이 서로 균형을 이루는 순간, 그래서 그 작용이 멈추는 순간 상품의 시장가격은 실제 가치와 일치하게 되며, 시장가격이 오르내리는 중심인 기준가격과 일치하게 됩니다.

● 애덤 스미스(Adam Smith, 1723~1790) 18세기 스코틀랜드의 경제학자. 스코틀랜드 계몽주의의 일부였고 마르크스와 현대의 주류 경제학에 영향을 미쳤습니다(사진 위).

● 데이비드 리카도(David Ricardo, 1772~1823) 19세기 영국의 경제학자. 애덤 스미스의 이론을 계승, 발전시켰습니다(사진 아래).

수요와 공급의 변동 때문에 시장가격은 가치를 중심으로 오르내립니다. 수요와 공급은 시장가격이 가치와 너무 많이 차이나지 않도록 잡아 주지만 가치를 설명하지는 않습니다. 실제로, 마르크스가 당시 경제학 이론을 비판한 주된 내용은 가치가 어디서 나오는지 설명하지 못한다는 것이었습니다. 마르크스 이전에 활동한 걸출한 고전학파 정치경제학자 애덤 스미스˙와 데이비드 리카도˙는 가치의 기원에 가장 근접한 인물들입니다. 예를 들어, 스미스는 개인들이 직접 생산한 재화를 물물교환하는 것이 우세한 자본주의 이전 시기의 교환은 노동가치론으로 설명할 수 있다고 생각했습니다. 스미스는 "노동이 모든 상품의 교환가치를 재는 진정한 척도"라고 썼습니다. 그러나 스미스는 이 이론의 논리적 결론을 따르지 않고 노동과 마찬가지로 기계도 '수익'을 창출한다고 보는 관점으로 후퇴했습니다. 리카도는 마르크스의 견해에 훨씬 더 근접했지만 자신의 노동가치론을 일관되게 발전시켜 체제의 동역학을 설명하는 데로 나아가지는 않았습니다.

이후 주류 경제학자들은 뒷걸음질치며 자본주의를 하나의 체제로서 설명하려는 노력을 전혀 하지 않았습니다. 마르크스가 활동하던 시절에 이르러 자본주의는 세계의 핵심 지역에서 우세한 생산 체제가 됐습니다. 이제 친자본주의 이론가들은 자본주의의 근본적 운동 법칙에는 관심을 두지 않고, 피상적 가격 변동과 체제가 저지르는 범죄를 은폐하는 데만 훨씬 더 많은 관심을 두게 됩니다. 이런 태도는 학자들의 관심이 체제의 사회적·역사적 발전에 관심을 두는 '정치경제학'에서 시장에 관한 영속적 수학 법칙에 관심을 두는 '경제학'으로 바뀐 상황을 반영하는 것입니다. 이렇게 해서 스미스와 리카도의 정치경제학을 토대로 그들을 비판하며 노동가치론을 체계적으로 발전시키는 과제가 마르크스에게 남게 됐습니다.

그러나 마르크스의 이론에 정면으로 반대하는 주장도 있습니다. 사람의 노동이 모두 똑같지는 않다는 것입니다. 어떤 사람은 다른 사람보다 더 열심히, 더 효과적으로 일합니다. 마르크스는 다음과 같이 썼습니다. "상품의 가치가 그것을 생산하는 데 투입된 노동의 양으로 결정된다면, 게으르고 기술도 없는 노동자가 만든 상품의 가치가 더 높으리라고 생각할 수도 있다.

그 상품을 만드는 데 더 많은 시간이 소요됐기 때문이다." 이 문제는 '사회적 필요노동시간'을 고려하면 극복할 수 있습니다. 사회적 필요노동시간이란, "특정 시기의 평균적 숙련도와 노동강도"로 상품을 생산하는 데 필요한 노동시간을 뜻합니다. 자본주의에는 바로 이런 노동이 필요합니다. 자본주의는 기계와 분업을 도입해서 노동의 창조성을 모두 제거합니다. 동시에 자본주의는 '대체 가능'한 노동자를 수도 없이 만들어 냅니다. 자본가의 시각에서 보면 이런 노동자 개개인은 모두 똑같습니다. 실제로 자본주의가 경쟁 체제라는 점 때문에 자본가들은 노동자들을 이런 식으로 다루지 않을 수 없습니다. 그러지 않으면 경쟁에서 패배할 것이기 때문입니다.

　물론 자본주의에서도 특정한 몇몇 기술은 특별히 더 가치가 높거나 비쌀 수도 있습니다. 여기에 해당하는 분명한 예는 값비싼 예술 작품을 생산하는 데 들어가는 노동입니다. 렘브란트*작품의 가치는 그가 작품을 만드는 데 소요된 시간을 반영하는 것은 분명 아닙니다. 렘브란트의 노동은 사회적 필요노동시간으로 환원할 수 없는데, 다른 사람이 그 노동을 대신할 수 없기 때문입니다. 렘브란트의 노동은 렘브란트만 할 수 있는 것이죠. 이런 예술 작품의 가격은 그것을 생산하는 데 들어간 노동의 특수하고 구체적인 특징을 반영합니다. 자본주의의 논리는 모든 것을 시장에 종속시킵니다. 따라서 렘브란트의 작품도 상품으

●렘브란트 하르멘스 반 라인(Rembrandt Harmensz van Rijn, 1606~1669) 바로크 시대의 네덜란드 화가.

로 사고 팔리지만, 그 가격은 그것을 만드는 데 소요된 노동시간하고는 상관없습니다. 이와 비슷하게 마르크스는 시인 밀턴*이 "≪실락원≫을 쓴 것은 누에가 비단을 만들듯이 자신의 고유한 본성을 표현한 것이었다"고 썼습니다.* 마르크스는 밀턴의 사례를 "출판사에 매문賣文하는 작가"와 대비했습니다. "출판사의 주문을 받아 정치경제학 개론 같은 책을 쓰는 인문 프롤레타리아"야말로 자본주의 생산 법칙이 적용되는 대상인데, 이런 종류의 노동은 수많은 다른 임금노동자들이 대신할 수 있다는 바로 그 점 때문입니다.

●존 밀턴(John Milton, 1608 ~1674) 셰익스피어에 버금가는 대시인으로 평가받는 영국의 시인.

●마르크스가 썼듯이, 나중에 "밀턴은 자기 작품을 5파운드에 팔았고, 그 점에서는 상품 판매자가 된 것"이지만 말입니다(추나라).

마르크스는 자본주의에 '숙련노동'이 있다는 사실도 인정합니다. 그러나 이 단어는 매우 다른 두 가지를 뜻할 수 있습니다. 첫째는 '노동강도가 강한 노동'이라고 부를 수 있습니다. 만약 어떤 노동자가 특별한 훈련을 받거나 특별한 능력이 있어서 같은 시간에 '평균적' 노동자보다 두 배 더 많은 재화나 서비스를 생산할 수 있다면, 확실히 자본가에게 더 많은 가치를 만들어 주게 됩니다(그래서 다른 노동자보다 더 많은 임금을 받기도 합니다). 그러나 숙련노동이라는 말은 '전문직 노동자'를 뜻하기도 하는데, 이런 노동자는 교육을 받아서 특정한 임무를 수행하게 됩니다.

여기서 노동자의 정신적·신체적 노력이 배합되는 정확한 형태와 숙련도는 역사에 따라 다양하다는 점을 이해해야 합니다.

오늘날 많은, 아니 대다수 노동자가 가진 능력(읽기와 셈 능력, 자동차를 운전하고 컴퓨터를 사용하는 능력)은 마르크스가 살던 시절의 노동자에게는 정말 대단해 보일 겁니다.* 자본주의는 개별 노동자들이 모두 같아지거나 모든 일을 할 수 있게 되기를 바라지 않습니다. 체제의 관점에서 보면 노동자들이 모두 화학과 학위를 따는 것은 낭비입니다. 그러나 연구소의 노동을 가치법칙에 종속시키려면 화학과 학위를 가진 대체 가능한 노동자가 많이 필요합니다.

특정한 기술은 처음에는 극소수가 독점할 수도 있고, 이 소수는 한동안 체제에 더 나은 임금이나 노동조건 같은 양보를 강제할 강력한 지위를 누릴 수도 있습니다. 그러나 시간이 지나면서 자본주의는 필요한 능력을 갖춘 노동자를 재생산하고, 동시에 숙련 작업을 비숙련 작업으로 만드는 경향이 있습니다. 예를 들어, 전에는 화학자가 하던 일을 이제는 학위도 없는 연구 기술자가 컴퓨터의 도움을 빌어서 할 수 있게 됩니다. 자본가에게는 이것이 더 나은 일입니다. 자본주의 체제에는 거듭거듭 업무를 단순화해서 노동계급을 재배치하고, 일을 쪼개서 다시 조합하고, 노동을 자본주의 법칙에 종속시키는 전반적 경향이 있습니다.

마지막으로, 마르크스는 노동가치론을 '증명'하지 못했다고 비난받았습니다. 그러나 이런 비난은 번지수를 잘못 찾은 것입니다. 마르크스는 가치의 존재를 증명하거나 특정 상품의 시장

가격을 알아내는 것을 주된 목표로 삼지 않았습니다. 마르크스
는 자본주의에서 실제로 일어나는 일이 무엇인지를 보여 주고
자 했습니다. 자본주의는 체제 곳곳에서 사회적으로 필요한 노
동을 끌어모아, 이 노동을 바탕으로 서로 교환할 수 있는 상품
을 생산합니다. 마르크스는 이런 전망에서 시작해 자본주의의
발전을 연구할 수 있었습니다. 마르크스의 노동가치론은 결국
체제의 동역학을 설명할 수 있는지 없는지에 따라 평가될 것입
니다.

화폐가 세상을
굴러가게 한다

앞 장에서 살펴본 예로 돌아가 보죠. 우유 한 통은 신문 한 부와 교환가치가 동일하지만, 신문 가판대에서 신문과 우유를 교환해 주지는 않습니다. 자본주의에서는 제3의 상품인 화폐가 '보편적 상품' 구실을 하며 교환과정 전체를 훨씬 더 신비롭게 만듭니다. 화폐는 어떻게 이런 중요한 구실을 하게 될까요?

앞에서 살펴봤듯이, 가치는 우리가 직접 만지거나 볼 수 있는 것이 아닙니다. 어떤 상품도 자기 가치가 얼마인지 찍힌 채로 생산되지는 않습니다. 가치는 한 상품을 다른 상품과 일정한 비율로 교환함으로써 간접적으로 측정됩니다. "우유 한 통 = 신문 한 부", "자동차 한 대 = 초콜릿 1만 개", "스텔스 폭격기

한 대 = 우유 5억 통"이라는 식이죠.

상품이 교환될 때 특정 형태의 상품이 '보편적 등가물'이 될 수 있습니다. 이 보편적 등가물은 자본주의가 출현하기 전부터 있었습니다. 교역은 자본주의 이전 사회에도 있었지만 부차적이어서, 한 공동체가 다른 공동체와 교역할 때 그 대상은 생산물의 극히 일부였습니다. 즉, 농민은 자기가 소비하고 남은 식료품을 시장에 내다 팔았습니다. 보편적 등가물이 되는 상품은 그것이 생겨난 사회의 형태를 반영했습니다. 예를 들어, 가축을 교환하던 초기 사회에서는 소가 보편적 등가물이 되기도 했는데, 그 사회에서는 소가 중요했고 빈번하게 교환됐기 때문입니다. 그러나 점차 금과 은 같은 값비싼 금속이 이런 구실을 하게 됐습니다. 이런 금속은 그 무게에 비해 가치가 큽니다. 다른 말로 하면, 일정량 생산하는 데 들어가는 노동량이 매우 크다는 것입니다. 이런 사실 덕택에 많은 양의 가치가 쉽게 이전될 수 있는 것입니다. 이런 금속은 단단하고 수명이 길기 때문에 신뢰할 만한 가치 저장고가 될 수 있었습니다.

자본주의가 발달하면서 오늘날의 화폐가 등장해 금과 은을 대체했습니다. 자본주의에서는 상품 교환이 인간의 가장 기본적인 욕구를 충족시키는 구실을 하기 때문에 이런 과정이 필수적이었습니다. 마침내 국가가 지폐를 발행하기 시작했습니다. 처음에는 '상품화폐'(금이나 은)와 교환할 수 있는 형태의 지폐[태환권로 발행했는데, 나중에는 '불환不換'지폐를 발행하게 됐습니다. 이런 형태의 화폐는 고유한 가치는 없고(종이 쪼가리에 불과합니다) 발행하는 국가나 중앙은행의 권위에 그 가치가 달려 있습니다.

특정 상품이 '보편적 등가물'이 되면 특별한 힘을 갖게 됩니다. 그것은 '사회적 필요노동시간'에 대한 청구권입니다. 1만 원짜리 지폐로는 종류와 상관없이 1만 원어치 노동시간을 담은 등가물을 살 수 있습니다. 자본가가 생산을 하면서 노리는 것은 상품을 모으는 것이 아니라, 그 상품을 팔아 화폐를 모으는 것입니다. 되도록이면 시작할 때보다 더 많은 화폐를 모아야겠죠. 그러면 새로운 생산순환을 시작하는 데 필요한 것을 살 수 있게 됩니다.

자본주의 이전의 지배계급들은 재물을 모아 갑부가 되는 데만 관심을 뒀습니다. 앞으로 살펴보겠지만, 자본가에게는 돈이 자본으로서 사용돼야 합니다. 마르크스는 자본을 더 큰 가치, 즉 이윤을 창출하는 가치라고 정의했습니다. 다른 말로 하면, 자본은 '자기 증식'하는 가치입니다. 가치를 투입해 투자한 가치보다 더 큰 가치를 얻으려는 충동, 즉 이윤 추구가 자본주의를 하나의 체제로서 규정할 수 있게 하는 한 요소입니다.

끝없는 이윤 창출만이 [자본가의 — 추나라] 목적이다. 무한한 치부

욕구, 이 정열적인 교환가치 추구는 자본가와 수전노의 공통점이
지만, 수전노는 악독한 자본가에 지나지 않는 반면, 자본가는 합
리적인 수전노다. 수전노는 화폐를 유통에서 빼내어 쌓아 두면서
쉴 새 없는 교환가치 증식을 추구하지만, 더 영리한 자본가는 화
폐를 끊임 없이 유통에 투입하면서 그것을 달성한다.

자본주의를 이해하려면 가치가 어떻게 자본, 즉 이윤을 창출
하며 증식하는 가치로 바뀌는지를 탐구해야 합니다. 그러나 먼
저 생산을 시작하는 자본가가 구입하게 되는 두 종류의 자본을
살펴봐야 합니다.

산 노동, 죽은 노동

앞 장에서는 마르크스의 가치 개념을 설명했습니다. 상품의 가치는 그 상품을 생산하는 데 투입된 노동시간의 양을 반영합니다. 그러나 상품이 사람의 힘만으로 생산되는 것은 아닙니다. 앞에서 살펴본 예를 다시 보자면, 신문을 생산하는 데 기자와 인쇄 노동자만 필요한 것은 아닙니다. 기계와 컴퓨터와 잉크와 종이도 필요합니다. 그런데 이런 것들도 상품이고, 따라서 그 전에 수행된 노동 활동의 산물입니다. 이처럼 자본주의적 생산에는 두 가지 노동이 결합됩니다. 첫째는 마르크스가 '산 노동'이라고 부른 것으로, 새로운 상품에 가치를 추가하기 위해 노동자가 직접 수행한 노동입니다. 둘째는 '죽은 노동'인데, 이는 생산과정에서 사용된 원자재와 기계 형태로 구체화된, 과거에 투입된 노동입니다. 마르크스는 이를 '생산수단'이라고 부릅니다.

산 노동이 생산수단을 사용할 때 죽은 노동의 가치가 최종생산물로 이전됩니다. 이처럼 최종 상품은 그것을 생산하는 데 들어간 과거와 현재 노동의 총량을 반영합니다. 마르크스는 면화와 방추를 사용해 고단하고 눈물 나는 과정을 견디며 실을 생산하는 방적공을 예로 들어 설명했습니다.

면사의 가치, 즉 면사를 생산하는 데 필요한 노동시간을 측정할 때, 시공간적으로 다양한 곳에서 수행된 특수한 노동과정, 즉 면화와 방추*를 생산하고 나서 이 면화와 방추를 사용해 면사를 생산하는 과정은 모두 하나의 노동과정에 포함되는 각각의 단계라고 간주할 수 있다. …… 집 한 채를 짓는 데 일정량의 노동, 예컨대 30일이 필요하다면, 마지막 날의 노동이 첫날의 노동보다 29일 늦게 생산에 투입됐다고 해서 이 집을 짓는 데 투입된 노동시간의 총합이 조금이라도 달라지는 것은 아니다. 그러므로 원자재와 노동수단에 포함된 노동은 실제로 실을 뽑아내는 노동을 하기 전인 방적 과정의 초기 단계에 들어간 노동이라고 간주할 수 있다.

*방추(紡錘) 실을 꼬아서 감는 데 필요한 강철제의 작은 축.

그러나 앞으로 살펴보겠지만, 산 노동과 죽은 노동을 구분하는 것은 중요합니다. 오로지 산 노동만이 최종생산물에 새로운 가치를 더해 주기 때문입니다. 신문 한 부를 생산하는 데 산 노동 한 시간(인쇄기를 돌리는 인쇄 노동자의 노동)과 죽은 노동 두 시간(소모된 원자재의 가치)이 들어간다고 가정해 보겠습니다. 여기서는 편의상 기자들이 사용하는 컴퓨터와 같은 기계를 구입하는 비용은 무시하겠습니다. 신문 한 부의 가치는 세 시간 노동의 가치와 같습니다. 여기서는 자본가가 신문을 모두 팔았다고 가정하겠습니다.

신문 1부당	
1시간	2시간
산 노동	죽은 노동

그러면 자본가는 자신이 판매한 신문 한 부당 세 시간 노동의 가치와 동일한 가치를 얻게 됩니다. 그러나 자본가는 신문을 생산할 때 사용한 원자재 비용을 치러야 합니다. 신문을 생산하는 자본가는 잉크와 종이를 다른 자본가한테 구입해야 할 테니 신문 한 부당 두 시간 노동만큼의 가치를 다른 자본가에게 줘야 합니다. 신문을 생산하는 자본가는 생산과정에 투입한 원자재에

서는 이윤도 못 남기고 손실도 보지 않습니다.* 이 죽은 노동의 가치는 단지 최종생산물로 이동할 뿐입니다.

그러면 신문을 생산하는 자본가는 어디에서 이윤을 남길까요? 지금 이 자본가는 신문 한 부당 세 시간 노동만큼의 가치를 받고 팔았고 두 시간 노동만큼의 가치를 원자재 가격으로 치렀습니다. 한 시간 노동만큼의 가치가 남았는데, 이는 인쇄 노동자가 각각의 신문에 보탠 산 노동입니다. 그러나 신문 자본가는 인쇄 노동자에게 아직 아무런 대가도 치르지 않았습니다. 마르크스가 말했듯이, 모든 것이 그 가치대로 팔린다면 산 노동의 가격은 얼마일까요? 인쇄 노동자가 자신이 창출한 가치(신문 한 부당 한 시간 노동)를 전부 임금으로 가져간다면 자본가에게는 아무것도 남지 않습니다. 그러나 우리의 경험에 비춰 보면, 자본가는 엄청나게 많은 이윤을 남깁니다.

이 문제를 해결하는 것이 마르크스의 자본주의 분석에서 핵심입니다. 마르크스는 이것이 ≪자본론≫에서 "가장 중요한 점"이라고 정확히 지적합니다. 노동자는 한 시간 노동만큼 새로운 가치를 생산하지만, 자본가는 노동자에게 새롭게 생산된 가치를 전부 주지는 않습니다. 자본가는 노동자가 수행한 노동만큼이 아니라, '노동력', 즉 노동자가 하루에 노동할 수 있는 능력만큼을 대가로 줍니다. 노동력의 가치, 즉 임금은 노동력을 재생산하는 데 필요한 가치로, 노동자가 입고 먹고 자는 데 필요

* 잉크를 생산하는 자본가나 종이를 생산하는 자본가는 잉크와 종이를 생산하고 판매해서 이윤을 얻으리라고 자연스레 기대하겠지만 말이죠(추나라).

한 만큼을 말합니다. 일반적으로 임금은 노동자가 창출하는 가치보다 훨씬 적습니다.

앞의 사례에서 개별 인쇄 노동자가 하루에 여덟 시간을 일하는데, 임금만큼의 가치를 생산하는 데는 네 시간이면 족하다고 가정해 보겠습니다. 나머지 네 시간은, 마르크스의 표현으로는, 노동자가 아니라 자본가를 위한 '잉여가치'(값을 치르지 않는 여분의 가치)를 생산하는 시간입니다.

다음 문장을 잘 기억해야 합니다. 자본가는 하루치 노동을 얻지만 하루치 노동력만큼만 값을 치른다. 물론, 이 모든 내용은 월급 명세서에는 드러나지 않습니다. 노동자가 임금을 벌려고 일하면서 동시에 자본가에게 이윤을 창출해 준다는 사실은 전혀 드러나지 않습니다. 마르크스는 다음과 같이 썼습니다. "노동자가 스물네 시간 생존하는 데는 반나절 노동이면 충분하지만 그럼에도 하루 종일 일해야 한다."

지금까지 노동자가 하루에 생산하는 가치와 실제 받는 임금의 격차를 살펴봤습니다. 이제는 개별 상품에 들어가는 산 노동 가운데 얼마만큼이 잉여가치고 얼마만큼이 임금인지를 나눠 볼 수 있습니다. 앞의 사례에서 보면, 반나절은 잉여가치를 생산하는 데 투입되므로, 신문 한 부당 투입된 산 노동의 절반(30분만큼의 가치)은 잉여가치가 됩니다.

30분	30분	2시간
산 노동		죽은 노동
임금	잉여가치	

잉여가치라는 비밀은 자본주의 체제의 비밀입니다. 우리가 살고 있는 세계는 수많은 임금노동자에게서 잉여가치를 뽑아내는 데 바탕을 둔 세계입니다.

[착취, 자본주의의 핵심]

자본주의 이전 사회의 착취는 비교적 분명한 과정이었습니다. 중세 유럽에서 농노는 몇 시간은 자기 소유의 토지에서 일하고 몇 시간은 자기 영주 소유의 토지에서 일했을 것입니다. 아니면 하루 종일 자기 소유 토지에서 일하는 대신에 영주에게 자기 생산물의 일부를 바쳤을 것입니다. 영주가 농노를 착취한다는 사실은 누구에게나 분명했습니다. 영주는 경제적 지배자일 뿐만 아니라 정치적 지배자이기도 했기 때문에 농민을 착취할 수 있었습니다. 착취는 공공연한 폭력이나 적어도 폭력을 사용하겠다는 위협에 의존했습니다.

　자본주의에서는 경제가 정치와 분리돼 보입니다. 때때로 조직된 국가 폭력이 착취에 저항하는 노동자를 상대로 사용되는데, 예를 들어 군대가 동원돼 파업을 분쇄하기도 합니다. 그러나 일상적 시기에 노동자가 자본가를 위해 일하는 것은 순전히 경제적 강제 때문이지, 폭력이나 물리적 위협 때문은 아닙니다. 상당한 재산을 상속받은 사람이 아니라면 누구나 먹고살기 위해 직장을 구해서 자본가를 위해 일해야 합니다. 어떻게 이런 세계가 탄생하게 됐을까요?

중세의 농노는 작은 땅뙈기를 소유하기도 했고 일부 공유지도 이용할 수 있었습니다. 또 양이나 소를 몇 마리 키우기도 했고, 약간의 농기구와 곡식을 소유하기도 했습니다. 자본주의에서는 노동자가 생산수단을 전혀 소유하지 못합니다. 노동자가 가진 것이라고는 오로지 노동력뿐입니다. 즉, 자본주의에서는 노동력이 상품이 됩니다. 노동자에게 일해야 할 의무가 있는 것은 아닙니다. 노동자가 노예는 아니니까요. 그래서 노동자는 법적으로는 '자유'롭습니다. 그러나 마르크스가 주장했듯이, 노동자는 다른 측면에서도 '자유'롭습니다. 즉, 노동자는 자신을 위해 생산하는 데 필요한 모든 것에서 자유롭기 때문에 자본가를 위해 일하지 않으면 굶주릴 자유가 있습니다.

≪자본론≫ 1권 말미에서 마르크스는 '시초 축적'이라는 자본주의 태동기의 특징을 서술합니다.* 이 시기에 영국과 몇몇 나라에서는 공유지를 폐쇄해 농민을 쫓아내고 그 땅을 자본주

* 이 부분은 아주 이해하기 쉬운데, [영어로] '원시 축적(primitive accumulation)'이라고 번역하기도 합니다(추나라).

의적 영농 방식*을 도입한 농장으로 만들어 버렸습니다. 이런 변화 덕분에 초기 자본주의가 출현할 수 있었습니다. 오늘날 일부 제3세계 나라에서 일어나는 일과 비슷하죠. 더 중요한 사실은 이런 변화 덕분에 '자유 노동자' 계급이 생겨났다는 것입니다. 이들은 도시로 유입돼 그 중심에 자리 잡은 자본주의적 기업에 고용돼 일해야만 했습니다.

이런 상황은 자연스러운 발전 과정과는 거리가 멀었습니다. 마르크스는 자본주의가 "머리끝부터 발끝까지 모든 털구멍에서 피와 오물을 흘리며" 세상에 나온다고 말합니다.

자본주의 경제는 일단 형성되면 노동 착취에 바탕을 둬야 합니다. 착취의 정도는 시간과 장소에 따라 다양합니다. 그러나 인도나 중국 노동자들이 미국이나 영국 노동자들보다 더 착취당한다는 말은 틀렸습니다. 꼭 그렇지는 않기 때문이죠. 인도나 중국 노동자들은 십중팔구 선진 산업국가 노동자들보다 임금도 더 적고 노동조건도 더 열악하고 더 심한 억압과 천대에 시달릴 것입니다. 그러나 동시에 미국이나 영국 노동자들이 창출하는 임금당 잉여가치가 더 클 수도 있습니다. 마르크스 이론의 강점 가운데 하나는 착취가 일부 불행한 노동자 집단에게만 닥치는 이례적인 것이 아니라, 자본주의 생산에서 응당 일어나는 일이라는 점을 보여 주는 것입니다. 착취는 자본주의가 자리 잡은 모든 곳에 존재하며 자본주의가 타도되기 전까지 계속될 것입니다. 바로 이 점이 영국 노동자와 인도 노동자, 미국 노동자와 중국 노동자를 단결시킵니다.

임금의 수준은 다양할 수 있습니다. 사람들이 흔히 말하는 것과는 반대로 마르크스는 임금이 생존에 필요한 최저 수준으로 귀결된다고 보는 '임금철칙설'을 받아들이지 않았습니다. 임금은 노동자들의 투쟁이 자본가들을 압박하는 정도와 노동시장의 변동에 따라 달라집니다.* 임금은 마르크스가 역사적·도덕적 요소라고 부른 것을 담고 있기도 합니다. 즉, 노동자들이 과거에 자본가한테서 무엇을 쟁취했고 무엇을 기대하는지, 자본주의에 필요한 종류의 노동을 생산하는 비용이 어떻게 변화하는지에 따라 달라집니다.

자본주의 사회에서 노동자들은 자신들이 창출한 부에서 더 많은 몫을 차지하고자 조직하고 투쟁하고 요구하기 시작합니다. 그러나 그 몫을 아무리 높이더라도 노동자는 자신의 노동력을 재생산하기 위한 가치를 새로 창출하는 데 걸리는 시간보다는 더 오래 일해야 합니다. 착취가 없으면 이윤도 없습니다. 자본주의가 끝나지 않으면 착취도 끝나지 않습니다.

● 예를 들어 노동력이 부족하면 임금은 한동안 올라갈 수 있습니다(추나라).

자본의 구조

자본가가 생산을 생각하는 방식은 마르크스와 다릅니다. 자본가는 노동자가 임금을 대가로 수행하는 산 노동과 마찬가지로 기계와 원자재 같은 죽은 노동도 이윤의 원천이라고 생각합니다. 이런 잘못된 생각이 대부분의 주류 경제학 이론에 반영돼 있는데, 주류 경제학 이론은 여러 종류의 자본을 '생산요소'로 보고, 각 생산요소가 그 소유자에게 투자에 상응하는 보답을 창출한다고 생각합니다.

자본은 단지 잉여가치를 얻으려고 투입한 가치일 뿐입니다. 마르크스는 체제를 이런 관점으로 분석하면서 자본을 '불변'자본과 '가변'자본으로 나누어 설명합니다. 불변자본은 자본가가 공장과 설비와 원자재를 구입하는 데 투입한 가치입니다. 불변자본은 생산과정에서 "양적 가치 변화를 일으"키지 않습니다. 그래서 불변자본인 것이죠. 가변자본은 자본가가 노동력을 구입하는 데 투입한 가치입니다. 가변자본은 생산과정에서 "가치 변화를 일으"키는데, 마르크스는 "그것이 제 가치만큼의 가치를 만들고 초과분, 즉 잉여가치를 창출하기 때문이다. …… 그러므로 나는 이것을 자본의 가변적 부분, 즉 줄여서 **가변자본**이라고 부를 것이다" 하고 말합니다.

신문을 생산하는 자본가의 예로 돌아가 보겠습니다. 앞에서 우리는 신문 한 부가 세 시간의 노동을 담고 있다고 가정했습니다. 그중 두 시간은 죽은 노동이고 한 시간은 산 노동입니다. 더 이해하기 쉽게 가치를 노동시간이 아니라 돈으로 나타내 보죠. 예를 들어, 한 시간 노동이 창출하는 가치를 1000원이라고 하겠습니다. 그러면 신문 한 부의 가치는 3000원이 됩니다.

앞 장에서 설명했듯이, 한 시간, 즉 1000원어치의 산 노동은 잉여가치와 노동력의 가치로 나뉩니다. 앞에서 나는 자본가가 투입한 가변자본은 노동력을 착취당하는 노동자의 임금으로 지급된다고 설명했습니다. 개별 인쇄 노동자가 하루에 여덟 시간 일하고 그 일당의 가치, 즉 하루치 가변자본이 네 시간 노동(즉, 4000원)이라고 가정해 보겠습니다. 이렇게 되면 산 노동이 날마다 창출하는 새로운 가치의 절반만이 임금으로 지급되고, 나머지 절반은 잉여가치로서 이윤의 형태로 자본가에게 돌아갑니다. 이와 마찬가지로 개별 신문을 들여다보면, 산 노동이 창출해 신문에 담긴 새로운 가치의 절반은 노동자에게 임금으로 지급되고 나머지 절반은 잉여가치입니다.

이제 신문 한 부의 가치를 다음과 같이 분해해 볼 수 있습니다.

신문 한 부의 가치

= 불변자본 2시간 + 가변자본 30분 + 잉여가치 30분

= 불변자본 2,000원 + 가변자본 500원 + 잉여가치 500원

= 3,000원

신문 1부당

500원	500원	2000원
가변자본	잉여가치	불변자본

이 표는 4장(산 노동, 죽은 노동)에 나오는 표와 거의 동일하다(단, 양을 시간이 아니라 돈으로 나타냈다).

자본가는 신문 한 부를 팔아서 3000원을 벌지만, 원자재(불변자본)로 2000원, 임금(가변자본)으로 500원을 지불합니다. 그러면

신문 한 부당 이윤(잉여가치)은 500원입니다.

이와 다른 방식으로 착취를 살펴볼 수도 있습니다. 노동자 100명이 있다고 상상해 보죠. 노동자들은 각자 하루에 여덟 시간씩 일하고, 그중 네 시간어치를 임금으로 지급받습니다. 그러면 하루에 만들어지는 새로운 가치는 모두 합쳐 80만 원입니다(한 시간당 1000원 × 800시간). 앞에서 가정한 것처럼 산 노동 1000원당 죽은 노동 2000원이 들어간다고 하겠습니다. 그러면 노동력 전체로 보면 다음과 같습니다.

하루에 생산되는 총가치

= 죽은 노동 1,600시간 + 산 노동 800시간

= 불변자본 1,600시간 + 가변자본 400시간 + 잉여가치 400시간

= 불변자본 1,600,000원 + 가변자본 400,000원

   + 잉여가치 400,000원

= 2,400,000원

이 사례에서 자본가는 하루에 200만 원을 투자(원자재 값으로 치른 불변자본과 임금으로 지급한 가변자본)해 40만 원의 이윤을 얻게 됩니다.

지금까지는 불변자본이 생산과정에서 완전히 소모되는 상황을 가정했습니다. 인쇄에 사용되는 잉크나 종이처럼 말이죠. 이

런 가정을 다른 형태의 불변자본, 가령 윤전기에도 적용해, 신문을 생산하는 과정에서 윤전기도 완전히 소모된다고 가정할 수도 있겠죠. 그러나 이런 가정은 비현실적입니다. 사무실과 공장은 차치하더라도 수많은 기계와 컴퓨터 없이는 일할 수 없습니다. 이것들은 완전히 소모되는 게 아니라 매일매일 사용되는 것들입니다.

잉여가치를 생산하고자 구입한 이런 공장과 설비는 특수한 종류의 불변자본인데, 마르크스는 이를 '고정자본'이라고 부르며 '유동자본'과 구분했습니다. 마르크스는 가치가 순환하는 방식을 중심으로 이 둘을 구분했습니다. 유동자본은 생산과정에서 자기 가치를 최종생산물로 이전하고 이 가치는 시장으로 진입해 상품과 함께 순환합니다. 고정자본은 생산 주기를 여러 번 거치며 소모되는 동안 물리적으로 생산 영역에 남아서 그 가치가 서서히, 조금씩만 순환합니다. 윤전기 한 대 값이 1억 원이고 그 수명이 10년이라고 하면, 매년 1000만 원의 가치가 윤전기로 찍은 신문에 이전됩니다. 고정자본이 어떻게 제 가치를 서서히 이전하는지를 알면, 앞의 사례에서 든 종이나 잉크와 같은 방식으로 다룰 수 있게 됩니다.

생산에서 소모되는 원자재(위의 예에서는 종이와 잉크)만이 아니라 가변자본(노동력을 구매하는 데 사용된 자본)도 유동자본입니다. 가변자본은 언제나 유동자본입니다. 즉, 가변자본의 가치는 (그것이 창출하는 잉여가치와 마찬가지로) 언제나 그 생산물과 함께 순환합니다. 이와 달리 불변자본은 고정자본인 경우도 있고 유동자본인 경우도 있습니다. 마르크스는 당시 주류 경제학자들이 고정자본과 유동자본은 구분했지만 더 근본적 차이인 가변자본(잉여가치를 창출하는)과 불변자본(고정자본이든 유동자본이든 결코 잉여가치를 창출하지 못하는) 사이의 차이를 무시했다고 비판했습니다.

고정자본과 유동자본의 구분은 가변자본과 불변자본의 구분보다는 덜 근본적입니다. 그러나 고정자본이라는 개념은 자본가가 맞닥뜨리는 여러 문제를 이해하는 데 유용합니다. 첫째, 자본가는 유동자본을 정기적으로 생산 주기마다 매번 구입하지만, 고정자본은 그 특징상 한 번 구입하면 여러 생산 주기 동안 사용됩니다. 윤전기를 구입하려면 엄청난 자금이 들어가기 때문에 자본가는 몇 년, 심지어 몇십 년 동안 사용하고 싶어 합니다. 자본가는 윤전기를 구입하기 위해 오랫동안 막대한 돈을 저축하거나, 더 흔하게는 이런저런 방법으로 돈을 끌어모아야 합니다(예를 들어 은행 대출). 이 때문에 [고정]자본을 구입하고 상품을 생산해 판매하는 과정은 처음에 생각했던 것만큼 순조롭거나 단순하지 않습니다.

둘째는 이와 관련된 것인데, 윤전기의 수명이 다하기 전에 그 가치가 바뀌면 어떤 일이 벌어질까요? 뒤에서 살펴보겠지만 가치, 특히 고정자본의 가치는 매우 유동적입니다. 시간이 지나면서 가격이 떨어지죠. 따라서 고정자본에 대한 투자는 자본가에게 위험 부담이 큽니다.

셋째, 이런 종류의 투자가 안고 있는 태생적 위험 때문에 자본가는 최대한 빨리 가치를 쥐어 짜내고 싶어 합니다. 예를 들어, 주야간 교대 근무를 돌리거나 공장을 365일 가동하게 되는 거죠.

노동자를 쥐어짜기

앞에서 우리는 자본주의가 착취에 기반을 두고 있고, 이 덕분에 자본가가 잉여가치를 얻게 된다는 점을 알아봤습니다. 이윤을 늘리려면 자본가는 잉여가치의 양을 최대한 늘려야 하고, 그러려면 노동자를 쥐어짜야 합니다. 잉여가치 추출에 관한 마르크스의 분석은 이미 자본가와 노동자 사이의 투쟁이라는 사상을 담고 있는 것입니다.

자본가가 이윤을 늘리는 한 가지 확실한 방법은 노동자를 더 오래, 더 고되게 일하게 하는 것입니다. 다른 말로 하면, 자본가는 노동자가 생산하는 '절대적' 잉여가치를 늘릴 수 있습니다. 노동자가 자기 임금의 가치를 생산하는 데는 하루 네 시간 노동이면 충분하지만 실제로는 하루에 여덟 시간씩 일한다고 해 보죠. 그러면 자본가는 네 시간의 잉여가치를 얻게 됩니다. 그런데 노동자가 하루에 열 시간 일하면, 자본가는 여섯 시간의 잉여가치를 얻게 되겠죠. ≪자본론≫에서 마르크스는 노동시간을 둘러싸고 영국에서 일어난 투쟁을 서술했습니다. 이 투쟁의 결과, 여성과 아동의 노동시간을 하루 열 시간 이내로 제한하는 공장법이 만들어집니다.

공장법은 …… 국가, 그것도 자본가와 지주가 지배하는 국가가 노동시간을 강제로 제한해, 노동력을 무제한으로 착취하려는 자본의 열망에 고삐를 채운다. 공장에서 노동일을 제한한 것은 나날이 커지던 노동운동의 위협 때문만은 아니었다. 영국의 경작지에 구아노*를 뿌릴 수밖에 없었던 것과 비슷한 맥락이었다. 즉, 맹목적 이윤 추구 때문에 지력地力이 고갈된 것과 마찬가지로 국민의 생명력이 뿌리째 파괴되고 있었다. 영국에서 전염병이 주기적으로 발생하는 것은, 독일과 프랑스 병사들의 평균 신장이 작아진 것과 마찬가지로, 이 사실을 똑똑히 말해 준다.

● 구아노(guano) 조류의 배설물(추나라).

다른 말로 하면, 노동시간을 늘리려는 공장주들의 노력이 노동자들의 저항에 부딪혔을 뿐 아니라 노동자들의 건강도 위협했다는 것입니다. 마르크스가 노동계급의 고단한 처지를 폭로한 공장 감독관들을 칭찬하고 그들의 말을 많이 인용하기는 했지만, 자본가의 관점에서 보면 자본가가 자애로움을 발휘해 노동시간을 제한한 것은 아니었습니다. 노동계급을 착취하자면 필요한 조처였던 거죠. 게다가 노동자의 건강 상태가 나빠지면서 군대의 전투력도 약해지고 있었습니다. 군대의 전투력은 노동자의 전투 능력에 달려 있으니까요. 좀 더 시야가 넓은 자본가들은 군사력이 해외에서 자신의 이익을 지켜 줄 수단이라고 봤기 때문에 군대의 약화를 용납할 수 없었습니다. 자본주의가 태동한 후 입대 기준 최소 신장이 작아지고 입대가 거부된 병사의 수가 늘었다는 통계를 보면 "독일과 프랑스 병사들의 평균 신장이 작아졌다"는 마르크스의 말이 과장이 아님을 알 수 있습니다.

노동시간을 더는 늘리지 못하도록 법률을 만들어 놓고도, 지난 20여 년간 노동시간을 늘리려는 시도는 현대 자본주의의 중요한 요소였습니다. 그래서 미국 노동자들은 1982년보다 2002년에 2주일을 더 일하게 됐습니다. 이 때문에 미국에서는 이윤이 크게 늘었습니다. 자본가들은 업무 시간 중간의 '쉬는' 시간을 줄이는 데도 혈안입니다. 영국 노동자 다섯 명 중 한 명은 점심시간이 없고, '화장실 가는 시간'과 '커피 마시는 시간'을 감시당한다는 조사도 많습니다. 미국의 '유연 노동'은 일하는 시간을 1분에 57초까지 늘리고 쉬는 시간을 3초로 제한하려는 노력의 일환입니다.

그러나 절대적 잉여가치 추출을 늘리는 데는 한계가 있기 때문에 자본주의가 발전할수록 마르크스가 말한 '상대적' 잉여가치를 늘리는 것이 중요해졌습니다. 절대적 잉여가치를 늘리면 하루 노동시간 전체가 늘어나지만 노동자의 임금에 해당하는 시간은 변하지 않습니다. 상대적 잉여가치를 늘리면 노동자의 임금에 해당하는 시간은 줄어들지만 하루 노동시간 전체는 변하지 않습니다. 그래서 노동자가 하루에 여덟 시간 일하고 노동자의 임금 부분이 네 시간이라고 할 때, 노동자의 임금 부분이 두 시간으로 줄어들면 자본가는 그만큼 더 많은 이윤을 얻을 수 있습니다.

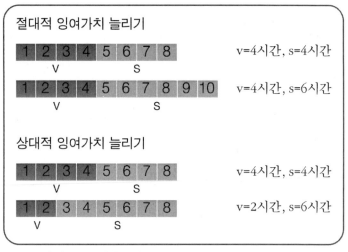

v=가변자본, s=잉여가치

자본가가 이 목적을 달성하는 한 가지 방법은 임금을 제멋대로 삭감하는 것입니다. 그러나 노동시간을 늘리는 경우와 마찬가지로 여기에도 명백히 한계가 있습니다. 노동자들이 저항할 수도 있고 너무 쇠약해지거나 영양 상태가 나빠져 일을 못하게 될 수도 있습니다. 그러나 노동자가 임금으로 구입하는 재화와 서비스의 가치가 떨어지면 상대적 잉여가치가 점차 늘어나기도 합니다. 예를 들어, 생산에 투입되는 노동시간이 줄어 식료품과 의류 가격이 떨어지면, 노동자가 사용가치 소비를 줄이지 않더라도 노동자에게 돌아가는 가치가 줄어들 수 있습니다. 기술 발전이 실제로 모든 종류의 상품을 값싸게 만든다는 것을 뒤에서 살펴보겠습니다.

[생산적 노동,
비생산적 노동]

자본주의 생산은 사용가치를 창출하지만 자본가가 불변자본과
가변자본을 구입할 때 주된 목적은 이윤의 원천인 잉여가치를
창출하는 것입니다. 또 자본주의에서는 모든 종류의 노동이 잉
여가치를 직접 생산하는 것은 아닙니다. 자본주의가 발전할수
록 잉여가치를 직접 생산하지 않는 노동의 규모가 커졌습니다.
이런 노동을 이해하고자 마르크스는 '생산적' 노동과 '비생산
적' 노동을 구분했습니다. 그는 다음과 같이 썼습니다.

자본주의 생산은 단지 상품 생산인 것만이 아니라, 본질적으로
는 잉여가치 생산이다. 노동자는 자신이 아니라 자본을 위해 생

산한다. 그러므로 노동자가 단지 무언가를 생산한다는 것만으로는 더는 충분하지 않다. 노동자는 잉여가치를 생산해야 한다. 자본가를 위해 잉여가치를 생산해서 자본의 자기 증식에 기여하는 노동자만이 생산적 노동자다. …… 생산적 노동자라는 개념은 노동과 유용성 사이의 관계, 즉 노동자와 노동 생산물 사이의 관계뿐 아니라, 특수한 사회적 생산관계, 즉 노동자에게 잉여가치를 창출하는 직접적 수단이라고 낙인 찍는 역사적 관계를 함의한다. 그러므로 생산적 노동자가 된다는 것은 행운이 아니라 불운이다.

노동자가 생산하는 상품이 물질적인 것인지 무형의 서비스인지는 이 문제와 아무 상관이 없습니다. 서비스 부문의 노동자도 물질적인 것이든 다른 어떤 것이든 모종의 사용가치를 창조한다면 잉여가치를 생산한다고 할 수 있습니다. 마르크스는 이윤을 위해 운영되는 사립학교의 교사를 예로 듭니다.

물질 생산 영역의 바깥에서 예를 찾자면, 교사는 단지 학생들을 훈육할 뿐만 아니라 학교 소유자의 치부致富에도 헌신하는 경우에는 생산적 노동자다. 학교 소유자가 자기 자본을 소시지 공장이 아니라 교육 공장에 투자했다는 사실은 여기서는 전혀 중요하지 않다.

● 《잉여가치학설사》 마르
크스가 《자본론》을 쓰기
전에 이윤, 이자, 지대 등의
원천을 밝히기 위해 자신 이
전의 경제학자들의 저작을
읽고 논평한 노트.

마르크스는 《잉여가치학설사》*에서 자본가에게 고용된
곡예사와 그 자본가에게 옷을 만들어 주는 자영업 재단사를 대
조했습니다.

예를 들어, 배우, 아니면 심지어 곡예사도 …… 자본가에게 고용
돼서 일한다면 생산적 노동자다. …… 임금으로 받는 것보다 더
많이 일해 주기 때문이다. 그러나 그 자본가의 집에 와서 재단을
하고 옷을 만들어 주는 사람은 단지 자본가에게 사용가치를 생산
해 줄 뿐이므로 비생산적 노동자다.

마르크스는 이 사례에서 곡예사의 노동이 생산과정에서 자
본을 갱신하고 팽창시키는 자본으로 바뀐다고 설명합니다. 반
대로 자영업 재단사는 자본가가 곡예사를 착취해 이미 거둬들
인 잉여가치의 일부를 받을 뿐입니다. 물론 또 다른 자본가가 임
금을 주고 이 재단사를 고용해 바지 수선하는 일을 시켜서 잉여
가치를 얻는다면, 이 노동은 자본가에게 생산적 노동이 됩니다.

마르크스는 생산적 노동이라는 개념을 잉여가치를 생산하는
노동으로 한정하는 한편, 이 개념을 확장해 노동의 성격이 변하
는 것을 설명합니다. 개별 노동자는 잘 짜인 다양한 업무를 분
담하면서 '집단적 노동자'가 됩니다.

노동과정의 협력적 성격이 점점 더 두드러지게 된다. 그래서 그 필연적 결론으로서 생산적 노동이라는 개념과 그 행위 주체인 생산적 노동자라는 개념이 확장된다.

국가에 고용된 의사와 교사처럼 자본가를 위해 직접 잉여가치를 생산하지 않는 노동자의 경우는 어떨까요?

이런 노동자도 분명히 착취당합니다. 일반적으로, 그들이 제공하는 노동의 양은 그들의 임금으로 표현되는 노동시간보다 많습니다. 게다가 교사, 간호사, 하위직 공무원과 같은 노동자의 노동조건은 대부분 다른 노동계급의 노동조건과 흡사합니다. 실제로, 대형 학교나 병원, 직업 상담소에서 하는 일은 공장이나 사무실에서 하는 일과 하등 다를 바가 없습니다. 이런 노동자도 다른 노동자와 똑같은 압력을 받으며, 자본가에게 저항할 능력도 있습니다. 이런 노동자들에게는 잠재적으로 매우 강력한 힘이 있는데, 넓게 보면 이런 노동자들도 잉여가치 생산에 필수적이기 때문입니다.

예를 들어, 이런 노동자들은 노동력을 재생산하는 데서 핵심적 구실을 합니다. 그래서 마르크스는 ≪잉여가치학설사≫에서 다음과 같이 설명합니다.

노동력을 훈련하거나 유지하거나 치료하는 등의, 한마디로 노동력을 특화시키거나 기껏해야 유지할 뿐인 그러한 서비스를 구입하는 것에 관해 말하자면 ─ 따라서 예를 들어 교사의 서비스가 '산업에 필요'하거나 유용하고 의사의 서비스가 모든 가치의 원천인 노동력 자체를 건강하게 유지해 보존하는 한 ─ 그러한 서비스는 노동력 생산 비용과 재생산 비용에 포함돼 …… 노동력 자체라는 …… 상품을 창출한다.

이 문구 바로 뒤에서 마르크스는 당시 자본주의에서 이런 지출의 확대가 제한적임을 지적합니다. 이런 지적을 현대 자본주의에 그대로 적용할 수는 없는데, 오늘날에는 보건과 교육에 대한 국가지출이 대다수 나라의 경제에서 막대한 부분을 차지하기 때문입니다.

이런 노동은 엄격한 잣대로 보자면 직접적으로 생산적이지는 않습니다. 예를 들어 이런 노동에 대한 대가는 임금이나 이윤, 다른 세원稅源들에서 거둬들인 국가 수입에서 나오는 것이지, 자본주의 생산과정과 그에 뒤이은 상품 판매를 통해 스스로 비용을 충당하거나 잉여가치를 창출하는 것이 아니기 때문입니다. 그럼에도 이런 노동은 다른 모든 곳에서 수행되는 생산의 핵심적 전제 조건이므로 잉여가치를 생산하는 사회에서 필요한, 더 넓은 집단적 노동과정의 일부로 이해해야 합니다.

실업은 과잉인구
때문일까?

자본주의 사회에서 착취당하는 것보다 더 나쁜 것이 하나 있다면, 그것은 착취당하지 않는 것입니다. 자본가에게 더는 쓸모없게 된 수많은 연금 생활자들이나 건강(신체적이든 정신적이든)에 문제가 생겨 자본가에게 쓸모가 덜한 사람들이 겪는 곤궁은 체제가 잉여가치 추출 이면에서 저지르는 대표적 악행입니다. 그러나 자본주의는 일할 의지와 능력이 완전하고 잉여가치를 창출하는 데서 체제에 도움이 될 수많은 사람들을 실업으로 내몰기도 합니다.

노동자를 기계로 대체하는 기계화와 자동화, '경기순환'의 등락, 노동자를 더 고되게 일 시키려는 자본가의 노력(이른바 '다

● 토머스 맬서스(Thomas
Robert Malthus, 1766~1834)
영국의 경제학자이자 국교회
목사. 부가 늘어날수록 가난
한 사람은 더욱 가난해진다
는 인구론을 주장했습니다.

운사이징')은 모두 실업의 저수지를 만들어 냅니다. 마르
크스 이전의 일부 학자들은 생물학적 요인(통제할 수 없
는 인구 증가)이 '과잉인구'를 설명하는 데 핵심이라고 주
장했습니다. 예를 들어, 마르크스 시대의 저명한 경제
학자인 토머스 맬서스*는 인구가 식량 공급보다 언제나
더 빨리 증가하기 때문에 인구의 일부는 빈곤에 빠질 수
밖에 없다고 주장했습니다.

이와 반대로 마르크스는 자본주의의 발전 과정 자체가 생산
에서 배제되는 '과잉인구'를 만들어 낸다고 주장합니다. 동시에
이 과잉인구가 자본주의의 미래 발전을 위한 '지렛대'가 된다고
설명합니다.

과잉인구는 자본이 마음대로 처분할 수 있는 산업예비군을 형성
하는데, 이 산업예비군은 마치 자본이 자기 비용을 들여 육성해
놓은 것처럼 완전히 자본에 종속된다. 인구가 실제로 증가할 수
있는 한계와는 무관하게, 산업예비군은 자본의 변화하는 자기
증식 필요에 맞춰 언제나 착취할 수 있도록 준비된 인간 재료를
이룬다.

산업'예비군'의 존재는 고용된 노동자에게도 고통을 줍니다.
마르크스가 주장했듯이, 임금은 다양한 산업부문의 흥망에 따라 평균임금 수준을 중심으로 오르내립니다. 임금 변동은 산업이 축소되는 부문에서 확장하는 부문으로 노동자가 유입되는 데 도움을 주기도 합니다. 그러나 실업 위협은 평균임금 수준에 제약을 가합니다.

예컨대, 호경기의 결과 특정 생산 부문에서 축적이 특별히 활발하게 이뤄지고 이윤도 평균이윤보다 높아져서 추가 자본이 이 부문으로 유입되면, 당연히 노동에 대한 수요가 늘고 임금이 올라간다. 임금이 더 높기 때문에 노동인구의 더 많은 부분이 경기가 좋은 부문으로 이동하며 마침내 이 부문은 노동력 포화 상태에 이르게 된다. 그러면 임금은 결국 다시 이전의 평균 수준으로 떨어지며, 심지어 노동력이 너무 많이 밀려든 경우에는 그 이하로 떨어진다. 그래서 이 산업부문으로 들어오는 노동자의 유입이 정지될 뿐 아니라 심지어 유출되기도 한다. ……
　산업예비군은 침체기와 평균 수준의 호황기에는 현역 노동자군에 하향 압박을 가하고, 과잉 생산기와 열광적 확장기에는 현역군의 요구를 억제한다. 따라서 상대적 과잉인구는 노동의 수요와 공급 법칙이 작동하는 중심축이 된다. 상대적 과잉인구는 자본의 착취와 지배가 유리한 범위에서 노동의 수요와 공급 법칙이 작동하도록 만든다.

물론 인간의 필요를 충족시킨다는 관점에서 보면 일을 하고 싶어도 하지 못하는 실업자의 존재는 아주 비합리적입니다. 한편에는 빈집이 많고, 다른 한편에는 살 곳이 필요한 사람들이 있을 때, 사회주의적 관점에서 보면 해결책은 참 간단합니다. 그러나 노동자한테서 뽑아낸 잉여가치와 이윤 위에 세워진 체제에서는 실업이 완전히 합리적인 것이 됩니다.

소외가 만연한 세계

자본주의는 노동자가 스스로를 비하하게 만듭니다. 단지 착취라는 불평등을 통해서만 그러는 것은 아닙니다. 형태는 달라도 착취는 중세 영국의 농민이나 고대 로마의 노예의 운명이기도 했으니까요. 마르크스는 ≪자본론≫을 쓰기 훨씬 전부터 이후 저작의 핵심 요소가 될 '인간 본성'에 관한 통찰을 보여 줬습니다.

마르크스 이전에 인간 본성을 고민한 사상가들은 대체로 인간 본성을 고정돼 변하지 않는 것으로 간주했습니다. 마르크스는 인간 본성의 뿌리가 변화와 역동성을 만들어 내는 어떤 과정, 즉 노동에 있다고 봤습니다. 인류는 자신의 필요를 충족하고자, 주어진 환경을 대상으로 의식적 노동을 하면서 다른 동물과 구별됩니다. 이런 노동과정은 집단적이고 사회적입니다. 인간은 "자신의 의지와 무관한 특수한 사회적 관계" 속에서 생산합니다. 그래서 초기 수렵·채집인들은 사냥에 성공하려면 협동해야 했고 의사소통 방식을 개발해야 했습니다. 이는 인간의 특정한 생물학적 요인 덕분에 가능하지만 단순한 유전적 충동이나 본능은 아닙니다. 일부 동물들(벌이나 개미)도 복잡한 집단을 형성하지만, 유전자 구조에 그 발전이 고정돼 있습니다. 이와 반대로 인간은 의식적이고 성찰적인 과정을 통해 노동하는 방식을 바꾸기도 합니다. 그래서 마르크스는 다음과 같이 말합니다.

거미는 직조공이 하는 일과 비슷한 일을 하며, 꿀벌의 집은 수많은 건축가를 부끄럽게 한다. 그러나 가장 서투른 건축가라도 가장 훌륭한 꿀벌보다 뛰어난 점은, 집을 짓기 전에 이미 머릿속에 집을 짓고 있다는 것이다.

인간은 나머지 자연과 긴장 관계에 있습니다. 인간은 생존하려면 노동해서 자연을 변형해야 합니다. 그러나 사회가 발전하면서 이런 과정이 인간도 변화시킵니다. 마르크스는 노동이 사회의 토대라고 봤습니다. 그러나 노동과정, 즉 인간과 자연의 관계는 단선적으로 발전하지는 않습니다. 마르크스는 역사의 특정 단계에서 계급이 발생했다고 주장합니다. 사회의 한 부문이 직접적 생산 활동에서 자유로워지면서 사회가 생산한 잉여를 통제하기 시작합니다. 마침내 이 집단이 지배계급으로 자리 잡게 됩니다.

이런 계급 분화 과정에서 이른바 '소외', 즉 노동과정의 구조적 왜곡이 나타납니다. 이것은 다시 인간과 자연 사이, 인간들 사이의 관계를 왜곡합니다. 자본주의에서 소외는 특별히 극단적 형태를 띱니다. 예를 들어 앞에서 살펴봤듯이, 노동자는 자본가에게 자기 노동력을 팔아야 합니다. 노동과정과 노동의 대상이 노동자에게 '소원疏遠'한 것이 됩니다. 노동자는 이제 자신의 노동조건이나 자신이 만든 생산물을 전혀 통제할 수 없게 됩니다. 노동과정은 인간 본성을 구성하는 핵심 요소인데, 소외는 노동자가 이런 자신의 본성에서 멀어지는 것을 뜻합니다. 실제로 노동자는 기계와 컴퓨터 같은 낯선 노동 생산물에 지배당합니다. 소외가 일어나는 과정은 앞에서 살펴본 마르크스의 상품 물신성 개념, 즉 인간들 사이의 진정한 관계가 시장에서 연결되는 물건들의 관계로 표현되는 것과 밀접한 관련이 있습니다.

일부 마르크스주의자들●은 '청년 마르크스'는 소외에 관심을 보였지만, ≪자본론≫을 쓴 '성숙한 마르크스'는 자본주의 경제의 객관적 법칙에 더 관심을 뒀다고 주장합니다. 그러나 소외라는 주제는 ≪자본론≫에도 등장하고, 특히 ≪정치경제학 비판 요강≫에도 등장합니다. 이 책에서 마르크스는 "살아 있는 노동

● 프랑스 철학자 루이 알튀세가 대표적입니다.

력이 대면하는 객체적 노동조건의 소외화, 즉 인간인 노동자가 인간인 자본가와 마주 대하던 조건이 스스로 의지와 이해를 가진 인격체가 되면서 노동자가 이것과 대면하게 되는 현상"에 관해 설명합니다. 노동자의 노동이 "**소외된 노동**으로서 나타난다"는 것입니다. 과거 노동의 산물이 "물건, 가치"의 형태를 띠게 되면서 노동자를 "지배하는 낯선 인격체"로 변하게 됩니다.

이 과정은 노동자가 스스로를 비하하게 만드는 효과를 내는데 왜냐하면,

노동자는 더 부유해지지 않을뿐더러 오히려 더 빈곤해진다. 왜냐하면 노동자가 자본에 속하는 필요노동의 조건을 생산했을 뿐 아니라, 그 노동자에게 잠재돼 있는 …… 가치 창출의 가능성이 이제는 잉여가치로서 존재하기 때문이다. 이제 이 잉여가치가 자본으로서, 살아 있는 노동력을 지배하는 주인으로서, 스스로 권능과 의지를 가진 가치가 되면서 노동자는 추상적이고 객체 없는 순전히 주체적인 빈곤에 직면하게 된다.

마르크스는 노동자들이 소외와 상품 물신성이라는 감옥에 사로잡혀 있다는 것을 보여 주려고 이런 개념을 발전시킨 것이 아닙니다. 그는 이런 조건들이 역사의 특정 시점에 생겨나는 것이므로 미래에는 바뀔 수도 있음을 보여 주고자 했습니다. 실제

로, 자본주의는 역사상 처음으로 인류가 소외와 착취를 극복할 수 있는 가능성을 제공합니다. 자본주의는 사회주의, 즉 민주적으로 통제하며 인류가 필요한 만큼 생산하고 소외 없이 노동하는 세계를 위한 토대를 마련해 줍니다.

자본주의는 두 가지 점에서 사회주의를 위한 토대를 마련합니다. 첫째, 자본주의는 이전 어떤 사회보다 역동적인 사회입니다. 자본주의는 결핍과 그 때문에 생기는 계급 분할을 폐지할 만큼 충분히 많은 부를 창출합니다. 오늘날 세계는 인류의 필요(기본적인 물질적 필요뿐만 아니라 문화적, 지적 필요까지)를 충족시킬 잠재력이 있습니다. 오히려 계급 분할과 시장 경쟁이라는 토대 위에 세워진 체제의 현실이 이런 잠재력을 계속 갉아먹고 있습니다. 둘째, 자본주의는 동일한 조건에 처한 수많은 사람으로 구성된 국제 노동계급을 창출했고, 이들을 착취에 맞서 투쟁하도록 만듭니다. 노동계급은 자신의 행동으로 사회주의를 이룰 수 있습니다.

노동자들은 인종차별이나 성차별 같은 왜곡된 인식을 받아들이기도 합니다. 그러나 이런 생각들은 집단적 투쟁 경험에서 오는 다른 종류의 생각과 충돌을 일으킵니다. 예를 들어, 백인 노동자가 흑인 노동자와 연대해서 싸워야 하는 처지가 되면 인종 차별적 생각을 쉽게 떨칠 수 있습니다. 19세기 말 영국의 미숙련 여성 노동자들은 여러 차례 전투적 파업을 벌여 여성 차별

● 이집트에서는 2006년 마할라 방직 공장 여성 노동자들의 파업을 시작으로 몇 년 동안 걸쳐 시위와 파업 물결이 거대한 규모로 번졌습니다.

적 편견에 도전했습니다. 최근 이집트 여성 노동자들*이 파업을 벌여 똑같은 일을 하고 있습니다.

자본주의에서 노동자들은 계급투쟁을 통해 노동자들 사이의 분열을 극복할 뿐만 아니라 사회를 운영하는 새로운 방식의 토대를 마련할 수 있습니다. 노동계급의 투쟁은 자본주의 이전 사회의 피억압자 투쟁과 다른 특징이 있습니다. 중세 시대의 농민은 봉기를 일으켰다가도 일단 토지(부의 원천)를 소유하게 되면 다시 예전처럼 뿔뿔이 흩어져 각자 농사를 지었습니다.

자본주의의 계급투쟁은 다른 형태를 띱니다. 노동자들은 슈퍼마켓이나 공장, 병원을 나눠 가질 수 없습니다. 노동계급의 해법은 대개 민주적이고 집단적인 해법입니다. 자주적, 집단적, 의식적 투쟁을 통한 노동계급의 자기 해방이 사회주의 혁명의 핵심입니다. 자본주의는 소외를 없앨 수 있는 역사적 가능성을 열었습니다. 게다가 자본주의는 미친 듯이 발전하면서 체제를 계속 위기에 빠뜨려 사람들이 그 존재의 의미를 의심하게끔 만듭니다.

2부에서는 자본주의가 어떻게 이토록 어마어마한 역동성을 갖게 됐고 어떻게 위기를 거듭 불러일으키는지를 살펴보겠습니다.

2부

자본주의는
어떻게 움직일까?

자본의 순환

지금까지는 노동자가 착취당하고 가치가 생산되며 자본가가 잉여가치를 얻게 되는 '생산 영역'에 초점을 맞췄습니다. 이는 체제의 겉모습에서 시작해 깊숙한 곳에 자리 잡은 법칙을 '추상'하기 위해서였습니다. 마르크스는 생산에서 일어나는 일이 체제의 전반적 동역학을 이해하는 데 핵심이라고 봤습니다. 친자본주의 학자들은 깨닫지 못하지만 말이죠. 이들은 오히려 교환 영역(상품이 사고 팔리는 시장)과 분배 영역(잉여가치가 자본가들 사이에서 나뉘어 재분배되는 곳)에만 관심을 두는 경향이 있습니다. ≪자본론≫ 2권과 3권은 생산과 교환과 유통을 함께 고려하며 체제 전체의 그림을 더 구체적으로 보여 줍니다.

마르크스는 자본주의를 자본이 체제 내부에서 순환하며 끊임없이 진화하는 과정으로 봅니다. 이 순환을 분석할 때는 아무 단계에서나 시작해도 됩니다. 시작점을 화폐로 잡는다면 다음은 이 화폐로 상품, 즉 노동력, 원자재, 기계 등을 구입하는 단계입니다. 그다음에는 이 상품들이 생산에 이용됩니다. 생산과정을 거치면 새로운 상품이 창출되고 이 상품은 다시 화폐를 받고 팔립니다. 마르크스는 이 과정을 다음과 같이 표현했습니다.

$$M - C \cdots P \cdots C' - M'$$

M = 시작점의 화폐, C = 생산에 이용되는 상품, P = 생산과정, C' = 생산된 상품, M' = 종착점의 화폐

화폐, 즉 M에서 시작하면 자본주의가 작동하는 방식의 한쪽 측면을 볼 수 있습니다. 자본가의 처지에서 중요한 점은 M'가 M보다 커야 한다는 것입니다. 자본가는 생산을 하면서 원래 갖고 있던 화폐보다 더 많은 화폐를 얻기를 원합니다. 자본가에게 생산과정(잉여가치가 실제로 창출되는 곳)은 부차적입니다. 마치 자신이 싸게 구입해 비싸게 판매해서 돈을 버는 것처럼 보이기 때문입니다. 이는 자본주의 초창기에 매우 중요했던 상인이 돈을 운용하는 방식과 비슷합니다. 상인은 지역마다 상품의 가격이 다른 것을 이용해 이윤을 남겼는데, 특히 상품을 더 먼 곳으로 운

송할 수 있다면 더 많은 이윤을 남길 수 있었습니다.● 이를 앞의 문자로 표현하면 다음과 같습니다. M − C − M'.● 이렇게 보면 모든 것이 혼란스러워집니다.

더 혼란스러운 사례는 자본가가 단지 자기 돈을 남에게 빌려 주면서 이자를 받는 경우입니다. 이는 M − M'로 표현할 수 있습니다. 마치 자본이 저절로 증식하는 것처럼 보이죠. 이것은 이 책의 앞머리에서 살펴본 '상품 물신성'이 매우 극대화한 모습입니다. 이 책의 후반부에서는 이 신비한 증식이 사실은 체제의 한곳에서 다른 곳으로 잉여가치가 재분배되는 것임을 살펴 볼 것입니다.

자본주의를 다른 측면에서 바라볼 수도 있습니다. 예를 들어, 순환의 처음과 끝을 화폐가 아니라 생산으로 잡을 수도 있는데, 그러면 자본의 순환은 다음과 같습니다.

$$P \cdots C' − M' − C \cdots P$$

이제는 교환과정이 생산과정 사이에 놓이게 됩니다. 자본가가 어떻게 하면 자기 상품을 시장에 더 빨리 내다 팔고 새로운 생산과정을 시작할 수 있느냐 하는 문제가 제기되죠.

자본의 순환과정을 들여다 보면, 무엇 덕분에 M'가 M보다 커지는지 궁금해집니다. 그것은 바로 노동자가 만들어 내는

● 대표적인 것이 선박을 이용해 동아시아에서 향신료를 수입한 것입니다(추나라).

● 각 문자가 뜻하는 바는 86쪽의 정의를 참고하기 바랍니다(추나라).

잉여가치입니다.

마르크스는 두 가지 가능성을 고려합니다. 첫째는 마르크스의 표현으로 '단순재생산'입니다. 여기서 마르크스는 자본가가 노동자한테 뽑아낸 잉여가치를 모두 개인적으로 소비한다고 가정합니다. 더 나아가 마르크스는 자본가도 노동자가 임금으로 구입하는 상품과 같은 것을 구입한다고 가정합니다. 그러면 이 모형에서 경제는 두 '부문'으로 나뉘게 됩니다. 제1부문은 자본가가 불변자본으로 사용하고자 구입하는 원자재나 기계를 생산하는 부문입니다. 제2부문은 '소비재 생산', 즉 노동자가 임금으로 구입하는 생활필수품을 생산하는 부문입니다.* 경제의 두 부문은 끊임없이 재생산을 반복하고 양쪽으로 흘러 들어가는 자본들 사이의 관계는 수학적으로 정확하게 계산할 수 있습니다.

● 단순재생산 모형에서는 자본가도 이미 거둬들인 잉여가치를 사용해 소비재를 구입합니다(추나라).

둘째는 더 복잡한 모형인 '확대재생산'인데, 마르크스는 자본가가 잉여가치를 사용해 생산수단을 더 많이 구입하고 산출을 확대한다고 가정합니다. 이 모형에서도 막힘없이 순탄하게 정상적 방법으로 생산을 확장하려면 두 부문이 어떻게 공존해야 하는지를 수학적으로 살펴볼 수 있습니다.

이 두 '재생산 도식'은 잘 알려진 대로 매우 주의해서 다뤄야 합니다. 마르크스는 자본주의가 조화롭게 발전하는 조건을 보여 주려고 하는 것이 아닙니다. 두 도식은 '추상'입니다. 두 도식을 보면, 자본주의가 팽창하려면 복잡한 여러 과정을 하나의 생산-교환 주기로 끌어들여야 한다는 점을 알 수 있고 그래서 자본주의 체제가 불안정하다는 점도 알 수 있습니다. 자본주의가 원활하게 발전하는 데 필요한 정확한 비율은 달성할 수 없는 과제입니다. 자본주의가 무계획적이고 무정부적인 시장 경쟁 체제이고 개별 자본가와 국가의 결정이 서로 조율되지 않는 체제이기 때문입니다. 또 자본주의가 과거의 균형이 유지되지 못하도록 계속해서 변화하는 체제이기 때문이기도 합니다.

마르크스가 ≪자본론≫ 2권에서 묘사한 재생산 도식과 자본주의의 순환을 보면 자본주의가 '고장 날' 가능성이 있다는 것도 알 수 있습니다. 순환 고리는 어떤 지점에서든 끊어질 가능성이 있습니다. 상품이 판매되지 않고 남을 수도 있고(C' — M' 사이가 끊어짐), 자본가가 이윤을 남길 수 있을지 우려해 생산재를 구입하지 않고 다른 곳에 투자할 수도 있습니다(C — M 사이가 끊어짐). 아니면 생산과정에서 문제가 생길 수도 있는데, 예를 들어 노동자들의 파업도 순환을 방해할 수 있습니다. 이미 여기서 경제 위기의 추상적 가능성을 볼 수 있죠. 자본주의 운동 법칙이 어떻게 계속해서 체제를 그런 위기로 몰고 가는지는 뒤에서 살펴보겠습니다.

경제 위기가 발생할 수 있는 추상적 가능성을 보여 주면서 마르크스는 프랑스 경제학자 장 바티스트 세*가 고안한 법칙에 도전했습니다. 세는 다음과 같이 말했습니다. "상품은 생산되

● 장 바티스트 세(Jean Baptiste Say, 1767~1832) 과잉생산은 불가능하다는 '법칙'을 주장한 19세기 초의 프랑스 경제학자.

●존 스튜어트 밀(John Stu-
art Mill, 1806~1873) 영국의
철학자이자 경제학자.

는 순간 그 가치만큼의 다른 상품을 위한 시장을 창출
한다.” 많은 경제학자들은 세의 법칙을 공급이 수요를
창출한다는 말로 해석합니다. 자본가가 더 많이 생산하
고 더 많이 판매할수록 수요도 더 커진다는 것입니다.
존 스튜어트 밀*은 세의 법칙을 확장해 다음과 같이 썼
습니다.

판매자는 모두 말 그대로 필연적으로 구매자이기도 하다.
한 나라의 생산력이 갑자기 갑절로 향상된다면 모든 시장에서 상
품 공급이 두 배로 늘 것이다. 그러나 마찬가지로 구매력도 갑절
로 향상될 것이다.

그래서 세와 밀은 상품이 팔리지 않아 재고가 쌓이는 일은 불
가능하기 때문에 ‘전반적 과잉생산’은 있을 수 없다고 주장합니
다. 그러나 마르크스가 주장하듯이, 자본가는 상품과 상품을 교
환하지 않습니다. “종전의 규모이든 확대된 규모이든 자본을
구성하는 동일한 양의 사용가치로 보상받는 것뿐 아니라 ……
투입한 자본의 가치에 통상적 이윤(잉여가치)율로 보상받는 것도
중요”합니다. 마르크스는 다음과 같이 말합니다.

모든 판매가 구매되고 모든 구매가 판매되기 때문에 상품 순환에

서 판매와 구매가 필연적으로 균형을 이룬다는 교리만큼 유치한 것도 없다. …… 누군가가 구매하지 않는다면 그 누구도 판매할 수 없다. 그러나 자신이 판매했다고 해서 반드시 즉시 구매하는 것은 아니다. …… 판매와 구매 사이의 간극이 너무 벌어지게 되면, 이 둘은 공황이라는 폭력적 과정을 통해 하나로 통합된다.

예를 들어, 어떤 원인에서든 상품 가격이 떨어지면 자본의 재생산이 축소될 수 있습니다. 순환과정에서 화폐가 일정한 구실을 한다는 사실을 고려하면 상품의 가격이 하락하는 상황에서는 자본가가 투자할 유인을 거의 찾지 못하게 됩니다.

화폐 형태로 축적된 잉여가치가 …… 자본으로 전환될 때는 손실이 일어날 수밖에 없다. 그러므로 잉여가치는 사용되지 않고 비축된다. …… 재생산의 현실적 전제 조건이 없으면 같은 현상이 반대의 요인 때문에 발생할 수도 있다. …… 재생산이 멈추고 따라서 순환의 흐름도 차단된다. 구매와 판매가 서로 발목을 잡아 정체하며, 사용되지 않은 자본은 유휴화폐의 형태로 변한다.

이런 상황은 일단 발생하면 경제의 각 부문으로 퍼져 나갈 수 있습니다. 신문 생산자가 생산을 줄이면, 제지 업계와 인쇄 업계에 영향을 미칩니다. 노동자가 해고되면, 식료품과 의류 등

기초생필품을 생산하는 자본가에게 영향을 미칩니다. 일반적 과잉생산, 즉 상품을 너무 많이 생산하는 현상이 나타나게 됩니다. 이것은 자본주의 생산의 또 다른 비합리적 측면입니다. 1997년에 동남아시아에서 시작한 경제 위기는 부분적으로는 컴퓨터 장비의 과잉생산 때문이었습니다. 그렇다고 해서 원하는 사람은 누구나 컴퓨터를 갖게 됐다는 말은 아닙니다. 과잉생산이란, 제시된 가격으로 그 상품을 구매하고자 하는 사람이 없거나 사람들이 그 상품을 구매할 돈이 없다는 것을 뜻할 뿐입니다. 자본주의에서는 사람들의 필요보다 이윤이 우선입니다.

마르크스는 경제 위기가 자본주의 체제 전체로 퍼져 나갈 수 있음을 설명하는 데서 멈추지 않았습니다. 위기가 어떻게 발전하고 어떤 모습을 띠는지 등이 남았죠. 이 책의 나머지 부분에서는 주로 이런 문제들을 다룰 것입니다.

자본의 순환을 고려하면 또 다른 문제인 자본의 '회전'과 맞닥뜨리게 됩니다. 자본이 회전하는 기간은 자본이 생산 영역과 유통 영역을 거치는 데 걸리는 시간입니다. 즉, "자본회전 기간은 자본 가치가 특정 형태로 투입된 시점부터 기능적으로 동일한 형태의 자본 가치로 되돌아오는 시점까지 걸린 시간"입니다. 자본회전 기간은 상황에 따라 매우 다양합니다.

앞에서 사용한 신문 생산을 예로 들면, 잉크와 종이는 (시장 사정이 좋을 때는) 회전속도가 비교적 빠릅니다. 잉크와 종이는 구매돼 생산에 투입되면 신문에 가치를 추가하면서 순환합니다. 신문이 판매되면 신문 자본가에게 화폐가 돌아옵니다. 신문 자본가는 이 돈을 자본으로 투입해 더 많은 잉크와 종이를 구입할 수 있습니다. 반면에, 윤전기의 가치가 회전하는 속도는 훨씬 더 느려서, 회전이 완료되는 데 수년, 심지어 수십 년이 걸리기도 합니다. 일반적으로 고정자본이 회전하는 기간은 유동자본이 회전하는 기간보다 더 깁니다. 고정자본은 자본가에게 조금씩 화폐 형태로 되돌아옵니다. 그래서 고정자본이 한 번 회전하는 동안 유동자본은 여러 번 회전합니다.

회전 기간의 차이는 상이한 자본을 비교할 때 문제를 일으킵니다. 마르크스는 일정 기간 동안 자본이 화폐로 바뀌는 양을 살펴보면 상이한 두 자본을 비교할 수 있다고 설명합니다. 예를 들어, 고정자본이 8000만 원이고 재생산 기간이 10년이라고 가정하면, 매년 800만 원씩 화폐 형태로 되돌아옵니다.* 더 나아가 유동자본이 2000만 원이고 1년에 다섯 번 회전한다고 가정해 보겠습니다. 그러면 전체 자본은 1억 원이 됩니다. 회전하는 고정자본은 800만 원이고, 회전하는 유동자본은 2000만 원의 다섯 배, 즉 1억 원입니다. 그러면 1년 동안 회전하는 자본의 양은 1억 800만 원, 즉 투자한 자본보다 800만 원 더 많습니다. 투자한 자본의 $1+\frac{2}{25}$가 회전하는 것입니다.

자본회전 기간은 자본가에게 매우 중요합니다. 회전을 더 빠

* 즉, 1년에 10분의 1씩 회전하는 꼴입니다(추나라).

르게 하면 생산 주기가 더 짧아지고 더 많은 잉여가치를 창출할
수 있기 때문입니다.

두 자본가가 동일한 양의 자본을 가지고 동일한 상품을 생산
하는데, 첫 번째 자본가의 자본회전 기간은 6개월이고 두 번째
자본가의 자본회전 기간은 1년이라고 가정해 보겠습니다. 첫
번째 자본가는 자본을 1년에 두 번 회전시킬 수 있습니다. 따라
서 첫 번째 자본가는 두 번째 자본가보다 잉여가치를 갑절로 얻
게 됩니다. 당연히 자본가에게는 회전 기간을 단축해야 하다는
압력이 크겠죠. 즉, 자본가는 제한된 시간 동안 더 많은 자본을
회전시켜야 합니다.

자본의 자기 증식

한 해에 1조 원을 투자해 10억 원을 이윤으로 남긴다면 자본가에게는 아무런 매력도 없습니다. 이런 비율로 이윤을 남겨 자기 사업을 갑절로 불리는 데는 1000년이나 걸리기 때문이죠. 그래서 자본가는 이윤량에는 관심이 없습니다. 자본가는 100원을 투자해서 몇 원을 벌 수 있는지, 즉 투자 대비 수익에 관심이 있습니다. 마르크스는 이를 '이윤율'이라고 부릅니다. 이윤율은 자본의 '자기 증식' 비율, 즉 자본이 팽창하는 비율입니다. 앞에서 가정한 내용으로 이윤율을 쉽게 알아볼 수 있습니다. 간단하게 말하면 이윤율은 일정 기간 동안 노동자한테 뽑아낸 잉여가치를 노동력과 생산수단 등에 투자한 자본의 양으로 나눈 것입니다.

$$이윤율 = \frac{잉여가치}{(불변자본+가변자본)}$$

신문 생산의 예를 다시 들겠습니다. 앞에서 가정했듯이, 신문사에서 하루에 생산되는 총 가치는 240만 원이고 이는 잉여가치, 불변자본, 가변자본으로 나눌 수 있습니다.

하루에 생산되는 총가치

= 불변자본 1,600시간 + 가변자본 400시간 + 잉여가치 400시간

= 불변자본 1,600,000원 + 가변자본 400,000원

 + 잉여가치 400,000원

= 2,400,000원

이 예에서 하루 이윤율은 다음과 같습니다.

$$이윤율 = \frac{잉여가치}{(불변자본+가변자본)}$$

$$= \frac{400,000}{1,600,000+400,000} = \frac{400,000}{2,000,000}$$

$$= \frac{1}{5}$$

즉, 자본가의 이윤율은 20퍼센트입니다. 이 자본가는 100원

투자할 때마다 20원을 얻게 됩니다.

사실 이윤율은 조금 이상한 계산 방식입니다. 잉여가치를 불변자본(원자재, 기계 등)과 가변자본(임금) 둘 다와 비교하기 때문입니다. 그러나 앞에서 살펴봤듯이, 잉여가치를 생산하는 것은 오직 (임금이라는 대가를 받는) 산 노동이죠. 이것은 상품 물신성(자본주의가 자신을 표현하는 신비화된 방식)의 또 다른 예인데, 자본가에게는 자신의 자본이 모두 잉여가치를 창출하는 것처럼 보이기 때문입니다. 그럼에도 자본가가 상황을 바라보는 방식은 정확하게 이렇습니다. 이윤율은 자본의 자기 증식 비율이고, 앞으로 살펴보겠지만, 이것이 자본주의의 핵심 논리입니다.

축적하고 축적하라!

≪자본론≫ 1권 말미에 마르크스는 다음과 같이 말합니다. "지금까지는 잉여가치가 어떻게 자본에서 발생하는지를 연구했는데, 이제는 자본이 어떻게 잉여가치에서 발생하는지를 봐야 한다. 잉여가치를 자본으로 사용하는 것, 즉 잉여가치를 자본으로 재전환하는 것을 자본의 축적이라고 부른다."

자본을 축적하는 과정은 자본주의 체제의 가장 독특한 특징이고 자본주의의 동역학을 이해하는 데 핵심입니다. 우리는 이미 노동자에게서 잉여가치, 즉 지불하지 않은 노동시간을 추출하는 특별한 방식 때문에 자본주의가 이전 사회와 구분된다는 점을 알고 있습니다. 그러나 이것만이 자본주의의 고유한 특징은 아닙니다. 자본주의는 시장 경쟁 체제이기도 합니다. 생산은 시장을 위한 준비 단계이고 시장은 자본가들이 서로 경쟁하는 영역입니다. 즉, 자본주의 사회에는 핵심적 분할이 두 개 있습니다. 하나는 노동자와 자본가 사이의 분할이고, 다른 하나는 자본가들 사이의 분할입니다. 그리고 자본주의에는 이전 사회 형태와 다른 점이 하나 더 있습니다. 노동자를 착취하고 잉여가치를 추출해서 생산을 확대해야 한다는 압력, 즉 끝없는 축적 드라이브가 바로 그것입니다. 자본주의 이전 사회의 착취는 지배자의 배를 불리는 만큼으로 제한됐습니다. 지배자의 허영심과 피지배자의 기본적 필요가 충족되면 더 생산해야 한다는 압력은 사라집니다. 그러나 자본주의에서는 그렇지 않은데, 새로 생산된 가치가 축적돼야 하기 때문입니다. 이렇게 축적된 가치는 더 많은 이윤을 창출할 목적으로 생산과정을 확대하는 데 사용됩니다.

자본을 경쟁적으로 축적하는 과정은 자본주의가 굴러가는 핵심 동력이기도 하고, 자본주의의 여러 문제(극단적 역동성과 위기로 빠지는 극단적 경향)를 낳는 핵심 원천이기도 합니다.

축적 자체는 매우 간단한 개념입니다. 자본가는 잉여가치의 일부를 새로운 자본으로 전환합니다. 이것이 단순한 생산 확장을 뜻할 때는, 잉여가치의 일부를 사용해 노동자를 더 고용하고 기계와 원자재를 더 구입합니다. 즉, 이미 보유한 것과 같은 종류의 불변자본과 가변자본을 더 구입하는 것입니다. 그러나 축적은 생산을 더 효율적으로 만드는 신기술에 투자하는 것을 뜻할 수도 있습니다. 이것은 매우 중요한 형태의 축적인데, 이렇게 하면 더 효과적으로 경쟁할 수 있기 때문입니다.

마르크스는 ≪자본론≫에서 다음과 같이 말합니다. "경쟁은 상품 가격을 떨어뜨리는 방식으로 진행된다. 상품 가격 하락은 …… 노동생산성 향상에 달려 있다." 더 나은 기술을 도입할수록 더 적은 노동시간으로 더 많은 상품을 생산할 수 있고, 가치는 노동시간을 반영하므로 상품 가격은 떨어집니다.

앞에서 살펴본 예에서, 우리는 자본가가 생산한 신문이 세 시간 노동만큼의 가치를 갖는다고 가정했습니다. 한 시간 노동의 가치를 1000원이라고 하면, 신문의 가치는 3000원이 됩니다. 자본가가 더 투자하지 않고도 노동자의 생산성을 높이는 방법을 고안했고, 그래서 이제는 같은 시간에 신문 열 부를 생산할 수 있다고 가정해 보겠습니다. 그러면 신문 한 부당 가치는 300원밖에 안 됩니다. 노동시간이 같아야 가치도 같은데, 이를 잘게 쪼갰기 때문입니다. 생산성이 더 나은 노동자를 고용한 자본가는 경쟁자보다 상품을 더 싸게 생산할 수 있습니다.

현실에서는, 생산성을 향상하려면 일반적으로 새롭고 대체로 더 비싼 기술을 도입해야 합니다. 생산성을 향상시키면 흔히 노동자 해고가 뒤따릅니다. 영국 산업혁명 초창기에 이런 패턴이 처음으로 분명해졌습니다. 예를 들어, 1779년에 새뮤얼 크럼 프턴*이 '뮬'이라는 방적기를 만들었는데, 이 방적기 한 대가 노동자 200명이 만드는 양만큼의 실을 생산할 수 있게 되면서 많은 노동자가 일자리를 잃었습니다. 1813년부터는 동력 직조기가 도입되면서 비슷한 방식으로 방직공들을 몰아냈습니다.

● 새뮤얼 크럼프턴(Samuel Crompton, 1753~1827) 영국의 발명가.

　마르크스는 산 노동(노동자의 노동)의 양과 죽은 노동(기계와 원자재)의 양이 배합되는 비율이 공장이나 작업장마다 다르다는 점에 주목했습니다. 마르크스는 산 노동과 죽은 노동이 배합되는 비율을 '자본의 기술적 구성'이라고 부릅니다. 자본의 기술적 구성은 서로 다른 사용가치를 단순 비교한 것인데, 예를 들어, 방적공 200명과 물레 200대로 실 200미터를 만들 수도 있고, 방적공 한 명과 방적기 한 대로 실 200미터를 만들 수도 있습니다.

　그렇다면 자본의 기술적 구성 변화가 체제의 동학에 미치는 영향은 어떻게 측정할 수 있을까요? 가치로 살펴보면 되는데, 즉 얼마만큼의 노동력 가치가 얼마만큼의 기계와 원자재 가치와 합쳐지는지를 살펴보는 것입니다. 마르크스는 이것을 측정하는 두 가지 방식을 고안했습니다. 가장 간단한 방식은 마르크스가 자본의 '가치 구성'이라고 부른 것입니다. 자본의 가치 구성은 투입된 가변자본의 총가치에 대한 불변자본의 총가치의 단순 비율입니다.

$$가치\ 구성 = \frac{불변자본}{가변자본}$$

크럼프턴이 발명한 방적기의 가격을 100만 원, 구식 물레의 가격을 1000원, 솜 1미터의 가격을 1000원, 노동자의 임금을 한 사람당 1만 원이라고 할 때, 실 200미터를 생산한다고 가정해 보겠습니다.

크럼프턴이 방적기를 발명하기 전에는

c = (물레 200대의 가치) + (솜 200미터의 가치)

  = (200 × 1,000) + (200 × 1,000) = 400,000원

v = (200명분 임금의 가치) = (200 × 10,000) = 2,000,000원

c = 불변자본, v = 가변자본

처음의 가치 구성은

$$\frac{400,000}{2,000,000} = \frac{1}{5}$$

방적기가 발명된 후에는

c = (방적기 한 대의 가치) + (솜 200미터의 가치)

= 1,000,000 + (200 × 1,000) = 1,200,000원

v = (한 명분 임금의 가치)

= 10,000원

새로운 가치 구성은

$$\frac{1,200,000}{10,000} = 120$$

즉, 가치 구성이 급격하게 상승했습니다. 노동자 한 명당 죽은 노동의 가치, 즉 불변자본의 가치가 훨씬 더 커진 것입니다. 실을 생산하는 데 투입된 노동시간이 줄어서, 생산된 실이 더 저렴해지기 때문에 고액을 투자하더라도 합리적 선택입니다.

그러나 마르크스는 자본의 가치 구성이 쉽게 변한다는 점도 인식했습니다. 방적 과정에 사용되는 솜과 방적기와 물레는 모두 자본가가 구입해야 하는 상품이기 때문입니다. 자본주의가 발전할수록 이런 상품의 가격이 떨어진다고 예상할 수 있습니다. 노동자가 구입하는 상품의 가격이 떨어지면서 임금의 가치가 점점 줄어든다는 것도 예상할 수 있습니다. 그렇기 때문에 가치 구성은 시간이 지남에 따라 바뀌게 되고, 심지어 그 산업에서 정확히 동일한 기술이 사용되더라도 그렇습니다.

마르크스는 특정 산업에서 기술혁신이 불러오는 결과를 측

정하고 싶어 했습니다. 정확히 말하면, 마르크스는 원자재와 기계와 임금의 가격 변동에 따른 변화가 아니라, 자본의 기술적 구성이 변하면서 생기는 변화를 측정하고 싶어 했습니다. 그래서 그는 다른 척도를 도입하는데, 이를 '자본의 유기적 구성'이라고 불렀습니다. 자본의 유기적 구성은 생산과정에 투입되는 요소들의 가격 변동을 무시한 가치 구성입니다. 즉, 가치 구성은 경제의 다른 부문에서 벌어지는 더 큰 변화를 반영하는 반면에, 유기적 구성은 기술적 구성 변화를 직접 반영합니다. 마르크스는 다음과 같이 말합니다.

자본의 구성은 두 가지 차원에서 이해할 수 있다. 가치의 측면에서 자본의 구성은 불변자본(생산수단의 가치)과 가변자본(노동력의 가치, 즉 임금 총액) 사이의 비율로 결정된다. 물질의 측면, 즉 자본의 구성이 생산과정에서 작용하는 측면에서는 모든 자본이 생산수단과 살아 있는 노동력으로 구분된다. 후자는, 사용된 생산수단의 총량과 이 생산수단의 활용에 필요한 노동 총량의 관계로 결정된다. 나는 전자를 자본의 가치 구성이라고 부르고 후자를 자본의 기술적 구성이라고 부른다. 둘 사이에는 긴밀한 연관성이 있다. 이를 표현하기 위해서 나는, 자본의 가치 구성이 자본의 기술적 구성에 의해 결정되고 기술적 구성의 변화를 반영하는 한, 자본의 가치 구성을 자본의 유기적 구성이라고 부른다.

이 구분이 왜 중요한지는 뒤에서 살펴보겠습니다. 그러나 우선은 투자를 통해 자본의 유기적 구성이 높아지는 효과와 관련해서는 자본의 가치 구성과 기술적 구성이 같은 것이라고 생각하겠습니다.

이윤율 저하

축적을 통해 자본의 유기적 구성이 높아지면 자본가에게 어떤 영향을 미칠까요? 인쇄 산업을 예로 들어 생각해 보겠습니다. 그동안 인쇄 산업에서 사용되는 기술은 장족의 발전을 거듭했습니다. 오늘날 인쇄 노동자들은 어느 때보다도 더 큰 죽은 노동의 축적물을 작동합니다. 20년 전에는 한 명이 3억 5000만 원짜리 기계를 작동해서 책을 인쇄했을 것입니다. 요즘에는 한 명이 20억 원짜리 기계를 작동해서 인쇄합니다. 자본가는 더 많은 돈을 투자하지만 새로운 기계는 더 생산성이 좋으므로 더 많은 책을 더 빨리 인쇄해서 책 한 권에 담기는 가치가 줄어듭니다. 책 가격이 내려가면, 이 자본가는 아직 구식 기술을 사용하는 경쟁자를 완벽히 물리칠 수 있습니다.

간단한 예를 들어 살펴보죠. 인쇄 산업에 여러 자본가가 진출해 있고, 개별 자본가가 날마다 불변자본(기계, 원자재 등)으로 1만 원, 가변자본(임금)으로 1만 원을 투자하며, 노동자를 착취해서 1만 원의 잉여가치(이윤)를 얻고, 열 권의 책을 생산한다고 가정해 보겠습니다. 그러면 개별 자본가가 하루에 생산하는 가치는 모두 3만 원입니다. 하루에 책을 열 권 생산하니까 책 한 권의 가치는 3000원이 됩니다.

이때, 어떤 자본가가 신기술에 투자하면 어떤 일이 일어날까요? 이 자본가는 여전히 임금으로 1만 원을 지불하고 잉여가치 1만 원을 얻지만, 불변자본으로 1만 원이 아니라 2만 원을 투자합니다. 그러나 신기술은 이전 기술보다 생산성이 훨씬 더 좋으므로 책을 하루에 열 권이 아니라 100권씩 생산합니다. 이제 이 혁신 자본가가 하루에 생산하는 가치는 3만 원이 아니라 4만 원이 됩니다. 그 대신 열 권이 아니라 100권의 책을 생산했죠. 그래서 책 한 권에 담긴 가치는 그만큼 작아집니다. 이제 책 한 권의 가치는 (3000원이 아니라) 고작 400원입니다. 단기적으로는 신기술에 투자한 자본가가 경쟁에서 승리합니다. 이 자본가는 물량 공세를 퍼부으며 책 한 권을 3000원보다는 싸고 400원보다는 비싸게 판매할 수 있기 때문입니다. 그러나 결국 다른 자본가들도 기술을 혁신해야 한다는 압력을 받아 곧 가격 인하 경쟁에 동참할 것입니다. 시간이 지날수록 책 한 권의 가격은 원래 가치인 400원 언저리로 낮아지게 되겠죠. 이런 과정에서 재빨리 기술을 혁신하지 못한 자본가는 가격을 내릴 수 없을 테니 망하게 될 것입니다.

이것이 바로 경쟁적 축적이 작동하는 방식입니다. 그러나 수치를 자세히 들여다보면 매우 신기한 것을 알 수 있습니다. 옛 기술을 사용했을 때 자본가는 2만 원(임금 1만 원, 불변자본 1만 원)을 투자해서 1만 원의 잉여가치를 얻었습니다. 그러므로 옛 기술을 사용했을 때 자본가의 이윤율은 50퍼센트였습니다. 신기술을 도입했을 때 자본가는 여전히 잉여가치로 1만 원을 얻지만, 자본가가 투자한 액수는 3만 원입니다. 신기술 도입 후의 이윤율은 $33\frac{1}{3}$퍼센트입니다.

이처럼 축적 과정은 이윤율을 떨어뜨립니다. 왜 그럴까요? 자본가가 자본의 유기적 구성, 즉 노동자 한 명당 불변자본(죽은 노동)의 비중을 높여 생산성을 향상시켰기 때문입니다. 그러나 산 노동의 양은 그대로죠. 산 노동과 비교해 죽은 노동의 양이 점점 더 커지는 것입니다. 기계와 컴퓨터가 노동자를 대체하거나 적어도 기계와 컴퓨터 사용이 늘어납니다. 죽은 노동이 늘어날수록 산 노동은 생산과정에서 퇴출됩니다. 그러나 앞에서 살펴봤듯이 잉여가치의 원천은 산 노동입니다. 그래서 자본가는 이윤을 더 많이 얻으려다가 이윤을 창출하는 수단 자체를 몰아

내는 셈이 됩니다.

그럼 자본가는 왜 이렇게 행동할까요? 첫째, 자본가는 자기가 거둬들이는 잉여가치가 어디에서 나오는지 모릅니다. 자본가는 노동자와 마찬가지로 인쇄기도 잉여가치를 만든다고 생각합니다. 둘째, 신기술을 처음으로 도입하는 자본가에게는 기술 혁신이 완전히 합리적인 선택입니다. 이 자본가는 상품 하나에 담긴 가치가 훨씬 더 적어졌는데도 한동안 예전 가격보다 약간만 더 싸게 판매할 수 있습니다. 즉, 얼마 동안은 매우 높은 이윤율을 얻게 되는 것이죠. 장기적으로 봐야만, 모든 자본가가 기술을 혁신해 가격 인하 경쟁을 벌이게 되는 축적의 전반적 효과를 알 수 있습니다.

이것이 자본주의 체제의 중심에 자리 잡은 모순입니다. 개별 자본가의 완전히 합리적인 판단이 단기적으로는 이해를 충족시켜 주지만, 다른 합리적 자본가들도 그 판단을 좇게 되면 장기적으로는 체제 전체에 완전히 비합리적인 영향을 미치게 됩니다.

잉여가치가 있어야 축적도 할 수 있다는 점이 가장 큰 역설입니다. 축적은 이윤율을 떨어뜨려 다음 축적을 어렵게 만들기 때문이죠.

마르크스의 표현을 빌리자면, 이것은 "모든 측면에서 현대 정치경제학의 가장 중요한 법칙"입니다. 마르크스는 이를 '이윤율 저하 경향의 법칙'이라고 불렀고, 이것이 마르크스의 자본주의 공황 이론에서 핵심 구실을 합니다. 마르크스는 다음과 같이 썼습니다. "자본주의가 자기 증식하는 비율, 즉 이윤율이 자본주의 생산의 목표인데, 이윤율이 떨어지면 …… 자본주의 생산과정을 위협하게 된다." 축적을 위협하는 것이 축적 자체에서 나온다는 말이죠.

자본주의 생산을 가로막는 진정한 장애물은 자본 자체다. 자본과 자본의 자기 증식이 시작점이자 종착점이고, 생산을 하는 동기이자 목적이다. 생산은 그저 자본을 위한 생산일 뿐이다. …… 그러므로 자본주의 생산양식은 물질적 생산력을 발전시키고 그 생산력에 적합한 세계시장을 창조하는 하나의 역사적 수단이지만, 동시에 이 역사적 과업과 그에 상응하는 사회적 생산 조건 사이에서 일어나는 끝없는 충돌이기도 하다.

축적률이 둔화하면 체제 전체가 이미 생산한 것을 모두 소비하고자 홍역을 치르게 됩니다. 노동자들이 체제의 생산물을 구입할 여력이 안 되거나,* 자본가들이 투자 대비 이윤이 시원치 않다고 판단하면, 그 결과 과잉생산이 일어납니다.

체제의 핵심에 축적 드라이브가 자리 잡고 있으므로 자본가가 여기서 벗어날 방법은 없습니다. 자본가가 노동자를 쥐어짜서 잉여가치를 뽑아내 다시 생산에 투입하는 것은 개인적으로

●노동자의 소비는 임금 수준으로 제한되기 때문입니다 (추나라).

못되고 탐욕스러워서가 아닙니다.* 자본가가 그러는 이유는 그러지 않으면 망하기 때문입니다. 서로 경쟁하기 때문에 자본가는 자본가답게 행동해야 합니다. 바로 이것 때문에 '윤리적 자본주의'는 근본적 대안이 될 수 없습니다. 경쟁적 축적이 지배하는 세계에서 자본가는 윤리적이기를 포기하든지, 아니면 자본가이기를 포기해야 합니다.

축적 드라이브는 자본주의를 이전 사회보다 훨씬 더 역동적이고 파괴적인 사회로 만들었습니다. 자본주의는 노동생산성 향상을 끝없이 추구하기 때문에 역동적입니다. 마르크스와 엥겔스는 1848년 ≪공산당 선언≫*에 다음과 같이 썼습니다. "부르주아지는 생산수단을 끊임없이 혁신하지 않고는 존재할 수 없다." 이처럼 사회의 물질적 부가 어마어마하게 커질 수 있는 잠재력을 본 마르크스는 이것이 사회주의 세계를 가능케 할 객관적 조건이라고 여겼습니다.

그러나 축적은 파괴적이기도 합니다. 축적을 방해하는 요소는 모두 파괴돼야 하기 때문이죠. 그것이 퇴직한 노동자에게 주는 연금이든 작업장 안전 규칙이든 심지어 생태계여도 말입니다. 마르크스가 "축적하고 축적하라! 이것이 모세와 예언자들의 말씀이니라. …… 축적을 위해 축적하고 생산을 위해 생산하라"고 쓴 것처럼 말이죠. 이조차 충분치 않다는 듯이, 축적은 자기 파괴적인 힘이 되어 축적을 가로막게 됩니다. 자본주의는 단

● 물론 못되고 탐욕스러운 자본가도 많습니다(추나라).

● ≪공산당 선언≫ 마르크스와 엥겔스가 쓴 '공산주의자 동맹'의 강령. 유물론적 역사 해석을 정치경제학 비판과 결합해 역사와 사회에 대한 총체적 관점을 제시했습니다.

순히 불공평하고 고약한 체제인 것만은 아닙니다. 자본주의는
내부 모순으로 분열된 체제이기도 합니다.

이윤율 저하를
상쇄하는 요인

돌이 하늘에서 떨어지듯이 이윤율이 마냥 떨어지기만 한다면, 자본주의는 이미 오래전에 무너졌을 것입니다. 분명히 다른 힘이 작용합니다. 마르크스는 때때로 파국의 예언자처럼 묘사되곤 합니다. 사람들은 마르크스가 경제 위기는 불가피한 일이니 자본주의 체제는 필연적으로 무너지고 그 폐허 위에 사회주의 사회가 필연적으로 도래하리라 예언했다고 합니다. 사실 [마르크스의 주장에서] 필연적인 것은 아무것도 없습니다. 마르크스는 《자본론》 3권에서 '이윤율 저하 경향의 법칙'을 도출한 다음에, 곧바로 이윤율을 회복시키거나 심지어 얼마 동안 끌어올리기도 하는 '상쇄 요인'을 설명했습니다. 마르크스에게 이런 상쇄 요인들은 이윤율 저하의 '법칙'을 '경향'으로 바꿔 놓는 요소였습니다.

> 지난 30년 동안[1835~1865년] 사회적 노동생산성이 이전의 모든 시대보다 훨씬 더 크게 발전한 것을 고려하면 …… 지금까지 경제학자들이 씨름하던 문제, 즉 이윤율 저하를 설명하는 문제 대신 그 반대 문제에 직면하게 된다. 즉, 왜 이윤율이 더 많이 더 빨리 떨어지지 않는지를 설명해야 한다. 틀림없이 상쇄 요인들이 작용해 일반 법칙의 효력을 가로막고 없애 버려서 법칙을 단지 경향적 특징으로 만들어 버리는 것이다.

마르크스는 잠재적 상쇄 요인을 모두 밝혔는데, 그중에서 몇 가지가 특히 중요합니다. 하나는 이미 앞에서 다룬 것인데, 단순히 자본가가 노동자를 더 많이 착취하는 것입니다. 착취율을 높이는 방식은 노동시간을 늘리거나 임금을 줄이는 것일 수도 있고, 노동자가 임금으로 구입하는 상품의 가격을 점차 낮추는 것일 수도 있습니다. 앞에서 이것을 '절대적' 잉여가치와 '상대적' 잉여가치를 높이는 사례로 다뤘죠.

그러나 앞에서 살펴봤듯이, 이렇게 하는 데는 한계가 있습니다. 하루 노동시간은 스물네 시간을 넘을 수 없습니다.* 마찬가지로 노동력의 가격[임금]을 낮춰서 하루에 생산한 가치 중 잉여

● 노동시간을 스물네 시간까지 늘렸다가는 노동자들이 죽거나 불구가 될 것입니다 (추나라).

가치의 지분을 늘리는 방법에도 한계가 있습니다. 이론적으로는 노동자가 하루에 생산하는 가치를 모두 잉여가치로 가져가고 노동자에게는 임금을 전혀 주지 않는 범위까지 늘릴 수 있는데, 이렇게까지 하는 데는 또 물리적 한계가 있습니다.[*]

중요한 상쇄 요인이 또 있습니다. 생산에 사용하는 불변자본의 가격을 낮추는 것입니다. 앞에서 축적에 의한 생산성 향상이 어떻게 두 가지 영향을 미치는지를 살펴봤죠. 축적은 이윤율을 낮추는 경향도 있고 상품 가격을 낮추는 경향도 있습니다. 예를 들어, 기계는 상품이지만 생산수단이기도 합니다. 이것이 바로 마르크스가 자본의 유기적 구성(투입물 가격 하락을 고려하지 않은)을 가치 구성(투입물 가격 하락을 고려한)과 구분한 이유입니다. 유기적 구성에 초점을 맞추면서 마르크스는 이윤율이 하락하는 경향을 설명하는 데 집중할 수 있었습니다. 다시 가치 구성으로 초점을 옮기면서 마르크스는 상쇄 요인을 살펴볼 수 있게 됐습니다.

투입물의 가격 하락이 어떻게 이윤율을 올리는지를 알아보기 위해 앞에서 든 사례로 돌아가 보겠습니다. 앞에서는 가변자본에 1만 원, 불변자본에 1만 원을 투자하고 노동자가 창출한 잉여가치 1만 원을 얻는 출판 자본가가 있다고 가정했습니다. 이 자본가의 이윤율은 $\frac{10,000}{20,000} = \frac{1}{2} = 50$퍼센트였습니다. 경제의 다른 부문에서 기술이 진보하면서 불변자본의 가격이 5000원으로 떨어지면 이 자본가의 이윤율은 $\frac{10,000}{15,000} = \frac{2}{3} = 66\frac{2}{3}$퍼센트

가 됩니다.

그러나 기계와 원자재의 가격 하락은 두 가지 점에서 축적에 모순적 영향을 미칩니다. 첫째, 이렇게 이윤율이 상승하면 더 많은 잉여가치가 갈 곳이 없어집니다. 그러면 이 잉여가치는 어디로 갈까요? 앞에서 살펴봤듯이, 자본가는 잉여가치를 축적해야 한다는 압력을 받습니다. 그래서 생산수단 투자 비용이 낮아지면 자본가는 축적의 나머지 부분도 투자하려고 할 것입니다 이것은 자본의 유기적 구성을 새로 높일 것입니다. 특정 부문의 자본가에게는 값싼 생산수단이 필요한 기술의 이점을 누리는 것이 비교적 쉬울 수 있습니다. 그러나 이렇게 성공한 자본가는 모두 더 **값비싼** 생산수단이 필요한 기술에도 접근할 것입니다. 이런 혁신과 기술 발전은 잠재적으로 무한정 지속될 수 있습니다.

현실에서 대다수 자본가는 대규모로 투자할 수 있다면 자신의 경쟁력이 더 좋아진다는 점을 알고 있습니다. 그래서 2007년 6월에 〈파이낸셜 타임스〉*는 "유럽과 미국 기업들이 공장과 설비에 지출하고자 하는 자본의 양"이 감소한 것을 애통해했습니다. 이런 지출이 계속되는 것이 "전통적으로 이윤을 늘리고 경제를 성장시킨 엔진"이었기 때문입니다.

더 많은 잉여가치를 얻기 위해 잉여가치를 투자해야 한다는 압력 때문에, 이윤율을 유지하고 회복시키는 불변자본 저렴화

* 〈파이낸셜 타임스〉 영국에서 발행되는 친기업 신문.

의 효과를 보려면 늘어난 잉여가치를 배출할 곳이 필요하게 됩니다. 자본주의 생산 순환으로부터의 '유출'이 필요하게 되는 거죠. 이 가치를 파괴하거나 허비하거나 비축해서 다음 축적에 재투자되지 않도록 해야 합니다.

둘째 문제는 생산수단 가격 하락이라는 상쇄 요인이 특정 자본가를 돕는 만큼, 다른 자본가가 흔히 피해를 본다는 점입니다. 예를 들어, 어떤 자본가가 20억 원에 윤전기를 샀는데, 누군가가 똑같은 기계를 10억 원에 내놓는다면, 이미 투자한 자본가는 손해를 보게 됩니다. 이미 20억 원을 지출했다는 사실에는 변함이 없기 때문입니다. 그러나 조금 늦게 투자한 경쟁자는 기계를 더 싸게 도입하는 이득을 누리게 됩니다. 그러면 이 경쟁자는 상품을 훨씬 더 싸게 생산할 수 있고, 이는 20억 원에 기계를 구입한 자본가에게 피해를 줄 것입니다. 마르크스는 자본의 이런 과정을 '무형無形의 가치 감소'라고 불렀는데, 이 무형의 가치 감소는 자본가에게 이윤율 저하만큼이나 고통을 안겨 줍니다.

사실 이윤율 저하 경향의 법칙과 상쇄 요인은 모두 순조롭거나 점진적이거나 예측 가능하게 작용하지는 않습니다. 오히려 체제는 갑작스런 위기에 방해를 받는 혼란스러운 팽창을 통해 발전합니다.

실제로, 역사를 보면 이윤율을 회복하는 가장 효과적인 방법은 공황이었습니다. 공황은 경제 내부에서 발생한 긴장과 모순을 해소합니다. 공황기에 일부 자본가는 퇴출됩니다. 살아남은 자본가는 퇴출된 자본가의 자본을 싼값에 거머쥘 수 있습니다. 창고에 쌓인 재고를 원래 가치보다 훨씬 낮은 가격에 살 수도 있습니다. 엄청난 양의 잉여가치가 파괴되지만, 더 적은 수의 자본가가 남은 것을 나눠 갖습니다. 결국 실업 때문에 임금이 낮아져서 노동력의 가격도 저렴해집니다.

요약하면, 공황 때문에 막대한 자본의 가치가 평가절하되지만, 한동안 이윤율이 회복되거나 심지어 더 올라가기도 합니다. 자본주의가 앞으로 나아가는 데 가장 효과적인 방식은, 생산 투입물 가격의 하락이 아니라 오히려 자본의 가치를 절하하는 공황입니다. 다음 장에서는 공황이 어떻게 발생하는지를 살펴보겠습니다.

자본주의와
경제 위기

경제 위기를 이해하기 위한 접근법은 세 가지가 있습니다. 첫째는 19세기 고전학파의 견해인데, 이들은 자본주의 작동 방식을 이해하려고 시도한 최초의 인물들입니다. 이들은 체제가 근본적으로 스스로 모종의 균형을 향한다고 생각했습니다. 고전학파의 대부인 애덤 스미스는 시장이라는 "보이지 않는 손"이 자본주의를 이끈다고 말했습니다. "자기 자신의 이해를 추구하는 과정에서 개인들은 실제로 의도한 것보다 더 효과적으로 사회 발전을 촉진한다."

고전학파의 주장을 받아들여 1930년대까지 득세했던 신고전학파 경제학자들*은 스미스와 데이비드 리카도가 주장한 노동

● 대표적 인물은 멩거, 뵘바베르크, 제번스, 마셜, 발라, 파레토, 클라크 등입니다.

가치론을 거부했습니다. 그 대신에 이들은 수요와 공급이 변하면서 생기는 시장가격 변동에 주목한 한계효용설을 이론적 바탕으로 삼았습니다.* 그러나 신고전학파는 스스로 균형을 이루는 메커니즘이라는 고전학파의 가정을 많이 받아들였습니다. 우리가 앞에서 살펴본 세의 법칙이 대표적입니다. 1936년에 경제학자 존 메이너드 케인스는 세의 법칙에 관해 다음과 같이 썼습니다. "오늘날 이 교리는 그렇게 조야한 형태로 언급되지는 않는다. 그럼에도 이 교리는 여전히 모든 …… 이론, 이 교리가 없다면 허물어질 모든 이론의 바탕에 깔려 있다."

안타깝게도 고전학파의 시기[19세기]부터 1930년대까지 주요 경제는 위기와 후퇴와 침체를 주기적으로 겪었습니다. 예를 들어, 미국 국가경제조사국^{NBER}의 연구 결과를 보면, 1854~1919년에 경기 수축이 열여섯 번 있었습니다. 이들은 이런 위기를 어떻게 설명할까요?

흔히 경제학자들은 경제 바깥의 외부적 요인으로 위기를 설명합니다. 그들은 십중팔구 인간 심리의 비정상성을 탓합니다. 또, 국가의 시장 개입이 문제라고 합니다. 1980년대에 IMF와 세계은행은 이 논리를 되풀이하며 제3세계에 구조조정 프로그램을 강요했습니다. 윌리엄 스탠리 제번스*라는 경제학자는 태양의 흑점 때문에 경제 위기가 발생한다고 생각했습니다.* 이 모든 경

●한계효용설은 수학적 기법을 통해 수요와 공급이 변하면서 생기는 시장가격의 변동을 이해할 수 있다고 주장합니다(추나라).

●윌리엄 스탠리 제번스 (William Stanley Jevons, 1835~1882) 영국의 신고전학파 경제학자.

우에 경제는 자연적이고 자기 조정적인 체제로 묘사됩니다. 나중에는 일부 경제학자들이 호황과 불황을 '경기순환'으로 설명했습니다. 자본주의는 여전히 자기 조정적이지만, 시간이 지나면서 단선적으로 성장하는 것이 아니라 주기적으로 위기를 겪는다는 점을 인정한 것입니다. [그런데] 점차 이런 순환은 '자연적' 현상으로 묘사됩니다. 그래서 2008년 7월 〈옵서버〉*의 한 기사는 최근의 호황과 불황의 패턴을 설명하면서 "자연적 '경기순환'"이라고 말했습니다. 마치 계절 변화나 조수 간만의 변화처럼 말이죠.

1930년대 위기는 10년 동안 지속되며 이 이론의 근간을 흔들었습니다. 결국 대규모 실업, 파산, 엄청난 규모의 국가 개입, 제2차세계대전이라는 대학살, 군비 경쟁만이 체제를 불황에서 건져 낼 수 있었습니다. 점차 새로운 정설이 옛 이론을 대체했습니다. 이는 케인스*의 이론에 바탕을 뒀습니다. 케인스는 오늘날 용어로 '미시적 수준'(개별 자본가와 개별 소비자의 행위)에서 경제를 다룰 때는 한계효용학파의 주장을 많이 수용했습니다. 그러나 '거시적 수준'(경제 전체의 움직임)에서는 다른 방식으로 접근했습니다. 케인스의 주장은, 체제는 균형을 이루는 경향이 있지만, 이 균형은 대규모 실업과 경기 침체를 바탕으로 할 수도 있고, 아니면 완전고용과 성장을 바탕으로 할 수도 있다는 것입니다.

● 실제로 요즘도 많은 경제학자들이 어떻게 '비경제적' 요인 때문에 위기가 발생하는지를 설명할 때 '흑점'이라는 단어를 사용합니다(추나라).

● 〈옵서버〉 영국의 주간 신문으로 〈가디언〉의 자매지.

● 존 메이너드 케인스(John Maynard Keynes, 1883~1946) 1930년대에 국가 개입의 필요를 깨닫게 된 영국의 자유 시장 경제학자.

국가는 직접 투자에 나서거나 수요를 활성화하는 방식으로 경제에 개입해서 경기순환을 억제하고 적절한 균형 수준을 유지해야 합니다.

제2차세계대전 후 수십 년 동안 케인스주의자들은 '호황과 불황의 순환'이 사라졌다고 주장했습니다. 그러나 안타깝게도 1945~1975년에 미국에서만 경기 침체가 일곱 차례나 있었고, 1970년대에 세계경제는 다시 큰 어려움에 직면했습니다. 케인스주의적 해법은 1950~1960년대 대부분의 시기에는 사실상 별 필요가 없었고 새로운 위기에 직면해서는 무능하다는 것이 드러났습니다. 수요를 촉진하고 정부가 돈을 빌려 투자하는 방법은 인플레이션을 악화시킬 뿐이었습니다. 케인스주의 정설은 길을 잃고 말았습니다. 경제학자들과 정치인들은 결국 고전학파와 한계효용학파 이론의 새로운 버전인 통화주의, 신자유주의 등등에 기대게 됐습니다. 그들은 다시 '호황과 불황의 순환'이 사라졌다고 말했습니다. 그러나 그때 이후로 미국은 1980~1982년, 1990~1991년, 2001~2003년에 경기후퇴를 겪었습니다. 이 책을 쓰고 있는 지금[2008~2009년], 세계는 새로운 세계적 경기하강*에 돌입하고 있고, "신자유주의의 종말"과 "다시 케인스로"라는 말이 회자되고 있습니다.

마르크스주의가 위기를 이해하는 방식은 앞의 둘과 다릅니다. 마르크스주의자들이 보기에, 자본주의는 [인간의] 필요가 아

● 1930년대 이래 처음으로 세계경제가 수축했습니다 (추나라).

니라 이윤을 바탕으로 하고 협력이 아니라 경쟁을 바탕으로 한 무질서한 체제입니다. 자본주의에는 자체 모순이 있어서 호황과 불황이 반복됩니다. 그러나 동시에 호황은 점점 더 짧아지면서 볼품없어지고, 불황은 점점 더 길어지고 심각해지는 장기적 경향도 존재합니다. 케인스주의와 고전학파는 모두 자본주의가 영속적이라고 보지만, 마르크스주의자들은 자본주의가 역사의 특정 시기에 출현한 체제로서 어떻게든 끝날 수 있다고 봅니다. 전쟁과 가난의 한가운데서 파국으로 끝날 수도 있고, 아니면 자본주의가 전복돼 사회주의 사회가 건설될 수도 있습니다.

마르크스주의자들의 견해는 자본주의의 모순이 순탄하게 해결되지 않는다는 것입니다. 이 모순 때문에 경제 위기와 새로운 호황이 반복됩니다. 경기순환은 자본주의 구조에서 기인합니다. 경제가 호황일 때는, 이전 침체기의 기억은 사라지고 정치인들은 새로 도래한 '황금기'를 자신이 만들었다고 앞다퉈 자랑합니다. 노동자는 누구나 일자리를 얻게 되고, 실업률이 떨어지고 투자가 늘면서 임금이 오를 수도 있습니다. 그러나 호황의 시작은 불황의 조건을 창출합니다. 경쟁적 축적 때문에 격렬한 가격 인하 경쟁이 벌어집니다. 너무 일찍 투자해서 설비 구입에 너무 많은 비용을 치른 가장 비효율적인 자본가가 퇴출되기도 합니다. 호황이 절정일 때는 임금이 올라서 이윤에 타격을 주기도 하고 일부 상품이 모자라서 문제를 일으키기도 하는 반면에,

수익성이 좋은 영역에서는 상품이 과잉생산돼 팔리지 않기도 합니다.

처음에는 몇몇 기업이 이윤이 남을지 걱정하며 생산을 줄입니다. 그러나 자본주의는 다양한 생산자가 시장을 통해 얽혀 있는 체제입니다. 한 자본가에게 미치는 영향이 결국 다른 자본가들에게도 퍼지게 됩니다. 한 자본가가 생산을 줄이면, 그 자본가에게 상품을 공급하는 기업에 타격을 줍니다. 결국 기업은 노동자를 해고하기 시작하고 소비자의 상품 수요도 줄어들면서 더 많은 기업이 타격을 입습니다. 그래서, 예를 들면, 거대한 자동차 기업에서 시작된 위기가 먼저 그 기업에 안전벨트나 사이드미러 등의 부품을 제조해 공급하는 부품 공급업체로 퍼집니다. 그다음은 플라스틱, 금속, 유리 생산자가 위기에 빠지고, 그다음은 이 모든 업체의 노동자들에게 상품을 판매하던 슈퍼마켓, 제과점, 신문 인쇄소 등이 위기에 빠지게 됩니다.

그러나 여기서 끝이 아닙니다. 불황은 다음 호황이 도래할 조건을 창출합니다. 노동자가 해고되고, 임금이 하락하고, 수익성 나쁜 기업이 퇴출되고, 자본이 평가절하됩니다. 일부 자본가는 파산하거나 이미 생산해 놓은 상품을 원래 가격보다 훨씬 싸게 판매해야 합니다. 실업에 대한 두려움 때문에 노동자의 임금이 하락합니다. 살아남은 자본가는 기계, 원자재, 재고 상품, 노동력을 전보다 훨씬 더 싸게 구입할 수 있습니다. 결국 살아남은 기업은 자신감을 충분히 회복해 투자에 나서고 새로운 호황이 시작됩니다. 좀 더 약삭빠른 자본주의 지지자들은 경제 위기가 기회를 제공한다는 것을 잘 알고 있습니다.

런던 대학교 사회과학대학[LSE] 학장인 하워드 데이비스는 2008년 가을 〈파이낸셜 타임스〉 기사에서 다가오는 불황에 어떻게 대처할지를 자본가들에게 조언했습니다.

오늘날의 경영진은 생존의 예술을 다시 배워야 한다. 너무 절망적인 조언인가? 전혀 그렇지 않다. 말하자면, 칠흑 같은 어둠 속에서도 시도해 볼 만한 긍정적인 것들이 있다. 기업은 비용 절감에 대한 지지를 좀 더 쉽게 이끌어 낼 수 있다. [그리하면] 회복 국면에서 좋은 위치를 점할 수 있을 것이다. 그때는 반드시 온다.

즉, 노동자를 공격해 이윤을 창출해서 불황에서 살아남고, 도태된 경쟁자를 매입하라는 얘기입니다.

경기순환의 구체적 양상은 다양하기 때문에, 각각의 위기를 이해하려면 주류 경제학자들이 내놓는 통계와 데이터와 논평을 분석할 필요가 있습니다. 그러나 호황과 불황이 외부 요인 때문이 아니라 자본주의 고유의 문제 때문에 발생한다는 점을 이해하는 것도 중요합니다. '가다 서다'를 반복하는 것은 체제가 매우 건강할 때도 나타나는 특징입니다. 그래서 자본주의의 '황금기'라고 불린 1950~1960년대의 장기 호황 때도 경기가 오르락 내리락했습니다. 다른 때보다는 덜 파괴적이었지만 말이죠.

사실 체제가 위기에서 회복하더라도 '활력'을 완전히 되찾기는 어렵습니다. 위기를 겪으면서 이윤율이 부분적으로 회복될수는 있지만, 대체로 이전 호황기 수준으로 회복되지는 못합니다. 그래서 경기순환을 거치며 이윤율이 오르락내리락하는 동안 평균이윤율은 하락할 수 있습니다. 자본의 유기적 구성이 20년에 걸쳐 점차 증가한 제2차세계대전 이후에 그랬듯이 말이죠. 이윤율이 완전히 회복되려면 매우 심각한 공황이 닥쳐야 하는데, 예를 들어 1930년대 대공황 때는 경제 붕괴와 세계대전을 통해 막대한 자본이 파괴됐습니다. 국가가 경제에 대한 통제를 늘린 것(전쟁에 대비하고자 군사력을 강화했듯이)과 더불어 이런 방법을 통해서만 이윤율이 회복되고 새로운 호황으로 가는 길의 토대를 놓을 수 있었습니다.

노쇠해 가는 체제

호황과 불황의 경기순환이 단순하게 반복하는 것이 아닌 이유
는 또 있습니다. 자본주의가 노쇠해 가면서 경기순환의 양상이
변합니다. 시간이 흐르면서 기업을 포함한 자본의 단위가 점점
더 커지는 경향을 보이는 것이죠. 세계 100대 기업의 수익은 현
재 10조 달러가 넘는데, 이는 경제 규모 하위 174개 나라*의 국
내총생산^{GDP}을 모두 합한 것과 맞먹습니다. 대부분이 전 세계에
손을 뻗친 다국적기업인 이 거대 기업들을 보면 얼마나 많은 부
가 극소수의 수중에 몰려 있는지를 알 수 있습니다. 최상위 기
업들은 이사진이 서로 겹치는데, 이들에게 집중된 부와 권력은
그 어느 때보다 큽니다.

● 전체를 192개 나라로 했을
때의 계산입니다(추나라).

이처럼 기업이 커지는 데는 두 가지 경로가 있습니다. 첫째는 마르크스가 말한 '자본의 집적'입니다. 이는 시간이 지날수록 자본의 단위가 커지게 만드는 축적의 직접적 결과입니다. 예를 들어, 이윤율이 10퍼센트인 자본가가 있다고 가정해 보죠. 다른 조건이 동일하다면 10년 후에 이 자본가는 처음에 투자한 비용만큼의 잉여가치를 얻게 됩니다. 이 잉여가치를 모두 모았다면 이 자본가는 자기 사업의 규모를 갑절로 키울 수 있습니다. 자본의 집적은 서서히 진행되며, 해를 거듭할수록 규모가 계속 커지는 경향이 있습니다.

'자본의 집중'은 훨씬 더 빠른 과정인데, 경제 위기를 거치며 비약적으로 증가하는 경향이 있습니다. 자본의 집중 과정에서 기존 기업들이 한 기업으로 통합되는데, 인수·합병이 좋은 예입니다. 금융 시스템과 주식시장이 발전할수록 이 과정이 더 빨라지기도 하는데, 이는 금융과 주식시장 관련 주제를 다룰 때 더 상세히 알아보겠습니다. 자본의 집중은 경제 위기의 중요한 특징인데, 살아남은 기업이 파산한 기업을 흔히 그 가치의 매우 일부만 가지고도 매입할 수 있기 때문입니다.

자본의 집적과 집중이라는 두 과정은 서로를 더 촉진합니다. 대기업은 원래 다른 기업이 하던 생산 영역을 인수해서 원자재를 쉽게 구하거나 운송 비용을 낮추는 등 비용을 절감할 수 있습니다. 최신 기술과 기계를 도입하는 데 필요한 막대한 자금을 댈 만큼 규모가 크기 때문이죠. 대기업은 매우 넓은 시장을 찾아 나설 수 있습니다. 대기업의 시장은 대부분 한 나라에 국한돼 있지 않고 여러 나라, 심지어 전 세계를 포괄할 수도 있습니다. 또 특혜를 받고자 로비를 하는 등 정부에 압력을 넣기도 하고, 기업 이사진과 국가 관료 사이의 '회전문 현상'은 흔한 일입니다. 이렇듯 규모가 큰 덕분에 누리는 이점이 있기 때문에 대기업과 경쟁하는 업체들이 생존을 위해 합병되는 상황에 내몰리기도 합니다.

이런 과정은 경제의 여러 부문에서 발견할 수 있습니다. 제약 부문의 4대 기업은 존슨앤드존슨, 파이저, 바이엘, 글락소스미스클라인입니다. 존슨앤드존슨의 웹사이트에 가면, 존슨앤드존슨이 제2차세계대전 이후에 열 개의 주요 기업을 인수하거나 합병했다는 것을 알 수 있습니다. 같은 기간에 파이저는 다섯 개, 바이엘은 열 개, 글락소스미스클라인은 열여섯 개를 인수하거나 합병했습니다. 이런 대기업들의 역사는 새로운 시장에 진출하기 위해 다른 기업을 사들이고, 시장점유율을 높이고 투자를 늘리기 위해 다른 기업을 합병하며, 경제 위기를 틈타 전 세계로 뻗어 나가서 취약한 경쟁자들을 인수하는 무용담으로 채워져 있습니다.

작은 기업들이 계속 생겨나기는 하지만, 다수는 파산하고 소수만 살아남을 뿐이어서, 오늘날 경제는 대기업들이 쥐락펴락하는 상황입니다. 겉보기에는 '얽매인 데 없는' 소기업도 그 뒤에는 더 큰 기업이 버티고 있는 경우가 흔합니다. 가장 극단적인 예는 마이크로소프트의 윈도우와 경쟁하는 리눅스의 '오픈 소스'인데, 이 프로그램은 누구나 그 개발에 참여할 수 있어서 그 기풍과 형태가 상업적 소프트웨어 개발과 완연히 다르다고 합니다. 그러나 이 프로그램을 개발하는 데 참여한 사람들은 대체로 휴렛패커드, 제록스, 선처럼 마이크로소프트에 대항해 경쟁력을 확보하려는 대기업에서 파견한 노동자들입니다.

이처럼 틈새시장을 파고드는 소규모 기업도 새로운 대기업으로 성장하거나 기존 대기업에 흡수되는 경향이 있습니다.

자본주의가 노쇠해 가면서 새로운 문제가 발생합니다. 오늘날의 기업은 규모가 너무 커져서 위기를 통해 체제의 활력을 되찾기가 더 어려워졌습니다. 앞에서 살펴봤듯이, 한 기업이 무너지면 연쇄적으로 다른 기업도 무너지게 됩니다. 아무리 수익성이 나쁘더라도 거대 다국적기업이 파산하면 그 파장은 작은 기업이 파산할 때보다 훨씬 더 큽니다. 대기업이 무너지면 완만하던 불황이 대폭락으로 바뀔 위험이 있습니다. 예를 들어, 세계에서 가장 큰 기업인 월마트의 자산은 1600억 달러이고, 수익은 매년 120억 달러입니다. 월마트의 연간 매출은 노르웨이의 GDP와 맞먹습니다. 월마트처럼 거대한 기업이 무너지면 경제에 커다란 블랙홀이 생겨, 월마트에 고용된 노동자 200만 명과 수많은 공급업체가 이 블랙홀에 빨려 들어갈 것입니다.

20세기 내내, 특히 제2차세계대전 이후에 각국 정부는 구제 금융을 제공하거나 국유화해서 대기업들이 무너지지 않도록 개입했습니다. 자본의 단위가 커질수록 국가 개입의 유혹도 커지고, 그럴수록 판돈도 커지고 있습니다. 시장 말고 다른 대안은 없고 자본주의가 자기 조정적 체제라는 신자유주의 교리를 설파하는 정치인들도 실천에서는 체제를 구원하고자 개입해야 하는 상황에 내몰립니다.

그러나 기업을 구제한다고 해서 자본주의 체제의 근본적 모순을 해결할 수 있는 것은 아닙니다. 앞에서 위기가 어떻게 경제의 활력을 부분적으로 회복시키는지를 살펴봤죠. 국가가 대기업의 도산을 너무 두려워한 나머지 이들을 살려 주게 되면 문제를 계속 키우는 꼴이 됩니다. 오늘의 위기를 막는 것이 내일의 위기를 키우는 것이 될 수 있습니다.

자본주의가 노쇠해 가면서 나타나는 마지막 특징은 다음과 같습니다. 대기업이 단순히 부와 권력의 막대한 집중만을 뜻하지는 않는다는 점입니다. 대기업은 노동자도 대규모로 끌어모읍니다. 세계 최대 경제인 미국에서 전체 노동자의 절반은 500인 이상 대기업에 고용돼 있고, 3분의 2 이상은 100인 이상 기업에 고용돼 있습니다. 첨단 기술을 보유한 소규모 기업들을 바탕으로 '신경제'가 출현했다는 좌파들 사이의 '상식'과 반대로, 이

두 수치는 지난 20년간 상승해 왔습니다. 영국 노동자의 대다수는 250인 이상 기업에 고용돼 있습니다. 비슷한 수치를 다른 선진 경제에서도 볼 수 있습니다. 자본주의의 집중과 집적 덕분에 잠재적으로 노동자가 [사회변혁의 과정에서] 수행해야 할 과제가 단순해집니다. 이 두 경향 덕분에 사회주의를 위한 조건이 무르익게 됩니다. 사회주의의 핵심적 전략 목표는 자본주의의의 요새에 갇힌 노동자를 한데 모아 기업이 주무르는 막대한 자원을 통제하는 것이기 때문입니다. 사회주의 경제의 매우 필수적 특징(이면서 비난받기도 하는 특징)인 '계획'이라는 과제를 성취하는 것도 간단해집니다. 다국적기업이 이미 광범한 수준에서 계획을 하고 있기 때문입니다. 문제는 이런 자본주의적 계획을 넘어서는 것입니다. 사적 이윤을 위한 계획이 아니라 사회적 필요를 충족하기 위한 계획으로 바꿔야 하는 것입니다.

잉여가치 분배

지금까지는 잉여가치가 모두 생산과정을 통제하는 자본가의 이윤이 된다고 가정했습니다. 이윤이 어디서 생겨나고 경쟁적 축적을 통해 어떻게 다시 생산으로 투입되는지를 이해하자면 필요한 추상이었습니다. 그러나 현실에서는 노동자를 쥐어짜 창출한 잉여가치의 일부만이 이윤이 됩니다. 잉여가치는 중요하게는 지대, 세금, 이자 지불 등에 쓰입니다.

지대地代는 토지 소유자가 가져가는 잉여가치입니다. 마르크스는 ≪자본론≫ 전체에서 가장 구체적이고 복잡한 부분인 3권의 말미에서 지대론을 자세하게 다뤘습니다. 지대론에 관한 간단한 요약은 부록에서 다루겠습니다.

잉여가치는 수익에 붙는 직접세와 같은 여러 방법을 통해 국고로 들어가기도 합니다. 예를 들어, 2008년에 영국 대기업의 수익에는 28퍼센트의 세금이 붙었습니다.＊ 그러나 국가가 단지 잉여가치를 집어삼키기만 하는 것은 아닙니다. 국가는 자본을 재생산하고 축적하는 데서 매우 중요한 구실을 하는데, 자본주의에는 새로운 잉여가치를 창출하지는 않지만 꼭 필요한 노동 형태가 많기 때문입니다. 국가 부문을 어느 정도는 '비자본주의적'이라거나 '자본주의 외부'라고 보는 관점은 자본의 축적 과정을 지원하는 데 필요한 다양한 기관과 노동 형태를 간과하는 것입니다.

마지막으로, 자본주의의 성장과 위기를 이해하려면 이자, 더 넓게 보면 신용 시스템과 금융 시스템의 구실을 이해하는 것이 필수입니다. 이 둘은 현대 자본주의에서 핵심적 구실을 하기 때문입니다. 이에 관해서는 다음 장에서 살펴보겠습니다.

●물론 많은 자본가가 '분식 회계'를 해서 탈세를 했습니다(추나라).

금융의 세계

1부에서는 화폐가 어떤 역사적 배경에서 탄생했고, 어떻게 상품을 서로 교환시키고 가치를 순환시키는 '보편적 등가물'이 될 수 있었는지를 설명했습니다. 그러나 모든 거래에 금이나 국가가 발행한 지폐가 필요한 것은 아닙니다. 실제로 모든 거래에서 자본가들이 돈다발(어떤 형태로든)을 주고받아야 한다면, 기업 활동이 지금처럼 원활하게 굴러가지는 못하겠죠.

자본주의가 발전하면서 개별 생산자들은 서로 상품을 공급하고 구매하면서 서로에 대한 신용을 확대해 왔습니다. 그래서 사기업이 발행해 기업들 사이에서 오가는 '환어음'●과 '신용장'● 시스템이 만들어졌죠. 전통적 형태의 화폐를 사용할 때는 지불

●환어음 어음 발행인이 어음 소지인에게 일정한 날짜에 일정 금액을 지급할 것을 제3자에게 위탁하는 어음.

●신용장 수출업자가 안심하고 화물을 발송할 수 있도록 은행이 수입업자의 신용을 보증하기 위해 발행하는 증서.

기한이 돼야 남은 빚을 청산할 수 있었지만, 어음과 신용장이 유통되고 나서는 채권과 채무가 서로 상쇄될 수 있게 됐습니다. 이처럼 신용 시스템 덕분에 자본의 순환이 훨씬 더 빨라지고 효율적으로 변했습니다. 마르크스 시절의 영국에서도 이미 '신용화폐' 사용량이 지폐를 앞질렀습니다.

물론 이런 신용화폐 시스템은 서로 다른 사업을 하는 자본가들 사이의 신뢰가 핵심입니다. 이 신뢰는 결국 자본가가 상품을 생산해 누군가에게 판매하는 능력에 달려 있습니다. 앞에서 살펴봤듯이, 이는 자동으로 이뤄지지는 않습니다. 신용화폐는 그 가치를 쉽게 잃을 수 있고 채무가 언제나 이행되는 것도 아닙니다. 엄청난 유동성과 효율성에는 그만큼의 대가가 따릅니다.

가장 초기에 사용된 환어음은 특정 상품의 교역에만 쓰였습니다. 은행이 출현하면서 신용화폐 시스템이 변화하게 됩니다. 은행은 사기업이 발행한 여러 형태의 신용화폐를 특정 상품이나 거래와는 아무런 관련이 없는 표준화된 은행어음으로 대체했습니다. 은행은 적어도 자신의 지불 능력과 책임 이행 한도만큼은 이런 화폐의 가치를 보장할 수 있습니다. 이런 과정에서 은행은 어떤 자본가가 신용할 만한지 그렇지 않은지를 결정해야 합니다.

● 국가가 화폐 공급을 통제할 수 있다고 주장하는 조야한 통화주의 이론은 이 점을 간과합니다(추나라).

● 준비금 은행이 자신의 금고나 중앙은행에 보관하는 현금(추나라).

은행은 신용을 확대하면서, 화폐를 창출하는 데서 핵심 구실을 합니다.● 일반적으로 은행은 예치금 가운데 일부를 준비금●

으로 보유하고 있어야 하는데 그 비율은 흔히 법으로 정합니다. 미국에서는 예치금의 10퍼센트를 준비금으로 보유해야 하는데, 즉 한 은행에 예치금으로 100달러가 있다면 그중 90달러만 빌려 줄 수 있습니다. 이 90달러가 흘러 들어간 또 다른 은행은 다시 81달러를 빌려 줄 수 있고 9달러는 보유해야 합니다. 이런 과정이 계속된다면 최초의 예치금은 잠재적 신용을 1000달러까지 창출하게 됩니다. 마치 돈이 하늘에서 뚝 떨어지는 것처럼 보이죠. 그러나 앞으로 살펴보겠지만, 이런 잠재력은 더 넓은 경제에서 자본가들이 가치를 창출하면서 느끼는 확신에 달려 있습니다.

은행은 통화 체제의 핵심 요소입니다. 그러나 이런 민간 신용 시스템에는 커다란 한계가 있습니다. 제프리 잉엄*은 다음과 같이 지적했습니다.

●제프리 잉엄(Geoffrey Ingham) 케임브리지 대학교 교수.

초기 민간 신용 네트워크는 불안정했다. 이 네트워크의 성공 여부는 그것을 포함하는 상업 네트워크에 달려 있었다. 채무가 이행되지 않으면 은행 시스템이 확장해 놓은 신용 연결 고리가 끊어지면서 기업이 도산하고 불황이 발생했다. …… 민간 은행 네트워크는 공적 통화와 통합되고 가장 강력하고 안전한 국가의 국채와 통합되고 나서야 비로소 훨씬 더 큰 안정성을 확보[했다 ― 추나라].

이런 역사적 발전 과정에서 영국은행이나 미국 연방준비제
도이사회 같은 중앙은행이 탄생하는 토대가 놓였고, 중앙은행
들은 전통적 통화 시스템(금이나 금을 상징하는 토큰 등)을 당시 성
장하고 있던 민간 신용 시스템과 통합했습니다. 중앙은행은 국
가의 지원을 받았습니다. 심지어 법적으로 민영 기관으로 설립
되더라도 그랬습니다. 중앙은행은 신용 시스템을 보호해 국가
당국과 연결하고 은행 간 거래를 연결하면서 금융 시스템의 중
심축이 됐습니다. 중앙은행은 화폐의 가치를 보증하고, 은행의
신용 가치를 평가하고, 가장 일반적으로 사용되는 법정통화를
발행합니다. 법정통화, 예를 들어 영국은행이 발행한 지폐는
● 스코틀랜드에서는 거대 민
간은행 세 군데가 발행하는
화폐를 아직 널리 사용하기
도 합니다(추나라).
현금 거래를 할 때 널리 사용하는 화폐가 됩니다.* 때때로 마
르크스는 유통되는 화폐를 금으로 바꿀 수 있다고 가정했습니
다. 그러나 "국가가 발행해 강제로 유통하는 교환 불가능한 지
폐", 즉 (정부가 법으로 강제하는) '불환지폐'에 관해서도 언급했
습니다.

선진 자본주의에서는 비교적 적은 양의 화폐만이 금은커녕
지폐 형태로 유통됩니다. 자본가는 자기 돈을 은행에 예금하기
시작하면서(즉, 은행에 돈을 빌려 주기 시작하면서), 금이나 지폐 대
신에 금융 시스템을 통해 지불할 수 있게 됐습니다. 이처럼 돈
이 한 기업의 계좌에서 다른 기업의 계좌로 이체되고, 임금이 회
사의 계좌에서 노동자의 계좌로 이체됩니다. 오늘날에는 심지

어 노동자도 일상생활에서 물건을 구입할 때 동전이나 지폐보다는 신용카드나 직불카드를 더 많이 이용합니다.

은행이 기업 간 거래를 연결하고 중앙은행이 은행 간 거래를 연결한다면, 서로 다른 국가, 서로 다른 통화, 서로 다른 금융 시스템 사이의 거래는 어떨까요? 국가들 사이에는 커다란 불균형이 생길 수 있고 실제로 그렇습니다. 환율이 요동치면 외환 거래는 투기꾼들의 도박장이 됩니다. 그래서 세계 금융은 매우 불안정하고 유동적인 시스템입니다.

현실에서는 가장 강력한 국가*가 이런 세계 금융 시스템을 지배하는 경향이 있습니다. 1945~1971년에는 브레턴우즈 협약* 덕분에 금에 대한 미국 달러의 가치가 고정될 수 있었습니

●제2차세계대전 이후로 본다면 미국입니다(추나라).

●1944년 7월, 연합국 진영 44개국 대표들이 미국 뉴햄프셔 브레턴우즈에 모여 제2차세계대전 종전 후의 국제 통화 체제를 논의하고 있습니다.

● 전 세계 금의 대부분은 적
어도 초창기에는 미국에 있
었습니다(추나라).

● 금본위제 통화의 표준 단
위를 일정한 무게의 금으로
정해 놓는 화폐제도. 제1차
세계대전이 시작되고 각국이
전비 조달을 위해 금 태환을
중단하면서 금본위제에서 이
탈했습니다.

다.* 이 덕분에 달러는 세계 규모의 보편적 등가물로 기능할 수
있었습니다. 다른 통화는 달러에 가치를 고정했습니다. 그러나
다른 경제들이 미국의 지배에 도전하기 시작하고 미국 정부가
베트남 전쟁에 돈을 쏟아부어 적자가 커진 것과 더불어, 1971
년에 달러 가치가 하락하면서 이 연결 고리가 끊어졌습니다.
마치 1920년대에 영국 파운드화의 힘을 바탕으로 한 '금본위
제'*가 몰락했듯이 말이죠.

금융 혼란이 그저 자본주의의 부차적 특징인 것만은 아닙니
다. 신용은 기초적 자본 축적 과정에서 중요한 구실을 하고, 마
르크스는 체제를 분석할 때 신용을 핵심에 놓았습니다. 앞에서
살펴봤듯이, 자본가는 잉여가치의 일부를 투자해 더 큰 자본을
축적하고자 경쟁합니다. 자본가에게 자기 이윤을 즉시 맡겨 둘
곳이 없다면, 또는 투자는 해야 하는데 아직 충분한 자금을 모으
지 못했다면, 어떤 일이 발생할까요? 은행을 비롯한 금융기관은
일부 자본가에게는 투자할 자금을 제공하고, 다른 자본가에게
는 이윤을 맡겨 둘 곳을 마련해 줍니다. 금융 기관은 여러 형태
의 화폐를 모아 이를 자본으로 사용할 수 있게 해 줍니다.

예를 들어, 어떤 자본가가 나중에 투자할 목적으로 은행 계좌
에 돈을 예금합니다. 그러면 은행은 당장 투자하기를 원하는 다
른 자본가에게 이 돈을 빌려 줍니다. 일반적으로 은행은 노동자
의 예금, 토지 소유자의 지대 등 가능한 모든 원천에서 돈을 모

아 모두 자본으로 이용합니다. 이 과정에서 자본가뿐만 아니라 노동자도 금융과 연관된 혼란에 직접 노출됩니다.

돈을 빌려 주고 빌리는 행위는 자본을 축적하고 집중하는 데 추진력이 되기도 하지만 불안정성을 높이는 원천이 되기도 합니다. 이윤율이 갑자기 떨어지거나 시장이 신뢰를 상실하면, 채권을 회수하려고 발버둥치면서 혼란이 체제 전체로 급속히 확산됩니다. 금융은 자본주의의 모든 과정의 속도를 높입니다. 자본주의를 더 역동적으로, 그리고 더 파괴적으로 만들고 위기에 더 쉽게 빠지도록 만듭니다. 자본은 기계나 공장에서 생산된 상품 형태일 때보다는 화폐 형태로 있을 때 서로 다른 경제 영역을 더 빠르게 넘나들 수 있습니다. 신용은 체제에 작용하는 강력한 윤활제로서 체제를 더 좋게도 더 나쁘게도 만듭니다. 마르크스는 다음과 같이 말했습니다. "이처럼 금융과 신용은 자본주의 생산이 자체의 한계를 넘어서게 하는 강력한 수단이 되기도 하고 경제 위기와 속임수를 만들어 내는 매우 효과적인 매개물이 되기도 한다."

마르크스는 이 신용 시스템의 또 다른 특징에 주목합니다. 은행과 같은 금융기관이 빌려 준 돈은 특별한 종류의 자본, 마르크스의 표현으로는 '이자 낳는 자본'이라는 점입니다. 이것을 자본가에게 빌려 주면, 이자 낳는 자본은 상품이 됩니다. 앞에서 상품은 사용가치와 교환가치가 있어야 한다고 설명했습니다. 이자 낳는 자본의 사용가치는 그저 '확장' 능력, 즉 가치를 증가시키는 능력뿐입니다. 그러나 이자 낳는 자본의 교환가치 (그것이 벌어들이는 이자)는 마르크스의 표현으로는 '비합리적'입니다. 직접적으로는 생산과정과 아무런 관련이 없기 때문입니다. 이자 낳는 자본이 증식하는 과정에서 창출하는 가치(화폐)를 노동시간으로 측정하려는 시도는 어리석은 짓입니다.

그러므로 '자연'이자율은 존재하지 않습니다. 이윤율과 달리 이자율은 자본주의 생산 활동의 근본 법칙을 표현하는 것으로 이해해선 안 됩니다. 이자율은 이자 낳는 자본의 수요와 공급, 그리고 돈을 빌려 주는 일을 전문으로 하는 자본가와 돈이 필요해 빌리는 자본가 사이의 경쟁적 관계에 의해 형성됩니다.*

●흔히 이 두 집단은 구분하기 어려운데, 실제로는 많은 '산업자본가'가 금융에도 개입하기 때문입니다. 예를 들어, 많은 자동차 제조업체가 소비자에게 신용을 제공합니다(추나라).

그러므로 이자율은 경기순환 과정에서 이자 낳는 자본의 수요가 오르내리면서 변하는 경향이 있습니다. 이자율의 변동은 호황과 불황의 진행 과정에 영향을 미치기도 합니다. 그러므로 금융은 국내외에서 축적 패턴이 서로 다른 자본을 한데 모아 동일한 패턴을 갖도록 조직합니다. 이것이 현대 자본주의에서 그토록 많은 위기가 금융공황의 형태를 띠는 까닭입니다.

자본가에게는 단지 이윤만이 아니라 마르크스가 '기업가 이윤'이라고 부른 것도 중요합니다.* 이 점은 자본가가 이자를 지불해야 하는 빌린 돈으로 기업을 운영할 때 매우 분명해집니다. 그러나 자기 자금으로 운영하더라도 자본가는 이자율보다 더 많

●기업가 이윤 마르크스는 이것을 이윤에서 이자 지불을 뺀 나머지라고 정의했습니다(추나라).

이 벌고 싶어 합니다. 은행 계좌에 넣어 둔 돈처럼 이자가 점점 저절로 돈을 버는 자본처럼 보이기 때문입니다. 이것은 극단적 형태의 상품 물신성으로, 자본이 자기 증식할 수 있게 해 주는 진정한 원천이 산 노동의 착취라는 점을 이해하기 어렵게 만듭니다.

주식시장의 비밀

신용은 보통 잠재적 미래 가치를 내다보고 돈을 끌어다 쓰는 것입니다. 예를 들어, 책을 인쇄하려는 자본가가 10억 원어치 채권을 발행합니다. 채권이란 그것을 발행한 자본가가 얻을 소득을 공유할 권리를 구매자에게 주는 종이 문서입니다. 투자자들이 채권을 구입합니다. 이렇게 모인 10억 원으로 자본가가 인쇄기를 구입해 책을 생산한다고 생각해 보죠. 책이 판매되면 자본가는 투자자들에게 빌린 돈을 갚아야 합니다.* 그리고 남은 돈이 그 자본가의 이윤이 됩니다.

자, 이 사례에서 자본가는 10억 원을 '실제' 의미의 자본으로 사용했습니다. 즉, 그 돈을 잉여가치를 창출하는 데 투입했다는

● 또 약정한 대로 얼마간의 이자도 지급해야 합니다(추나라).

의미입니다. 그러나 채권 투자자들은 단순히 종이 조각, 즉 자신들에게 가치의 일부를 공유할 권리를 부여한 채권을 구입해 갖고 있었을 뿐입니다. 지금까지 살펴본 자본이라는 의미에 비춰 본다면, 이런 채권은 자본이 아닙니다. 자본은 동시에 두 번 (한 번은 자본가에게, 또 한 번은 투자자에게) 존재할 수 없습니다. 그런데도 투자자들은 채권을 사고팝니다. 실제로 채권 시장이 존재하고, 여기서 채권의 수요와 공급, 기대수익에 따라 그 가치가 달라집니다. 이것이 '허구적 자본'* 시장입니다.

마르크스는 매매할 수 있는 가치에 대한 다양한 청구권을 지칭하는 데 이 용어를 사용했습니다. 일반적으로 특정 가치를 담은 자산에 대한 청구권은 '자본화'됩니다. 이 청구권은 보통 이자율을 바탕으로 한 소득원이 됩니다. 마르크스는 다음과 같이 썼습니다.

● 허구적 자본(fictitious capital) 한국어로는 가공자본, 의제자본이라고도 번역합니다.

> 허구적 자본의 형성을 자본화라고 부른다. 주기적 소득은 모두 평균 이자율을 기준으로 소득(평균 이자율로 대출된 자본이 낳을 소득)을 추정하면서 자본화된다.

허구적 자본 시장에서 가장 중요한 것은 주식시장입니다. 상장 기업들은 주식을 발행해 돈을 끌어모읍니다. 이 주식은 사고 팔릴 수 있는 허구적 자본을 형성합니다. 주식의 가격은 가치 생산과 직접 연관된 것이 아니라 자기 자신의 법칙에 따라 변동합니다. 주식의 가치는 처음에 담고 있던 가치를 훨씬 상회할 수도 있고, 주식시장이 붕괴하면서 휴지 조각이 될 수도 있습니다.

예를 들어, 1990년대 미국의 '닷컴' 거품 당시에는 첨단 기술과 인터넷을 기반으로 한 기업들*의 주식 가치가 엄청나게 올랐습니다. 이윤 대비 주가의 비율은 그 전 평균치보다 적어도 갑절로 치솟았다가 2001년에 갑자기 거품이 꺼져 버렸습니다.

●그중 많은 기업이 이윤을 전혀 창출하지 못했습니다 (추나라).

그러나 허구적 자본은 대체로, 다만 매우 약하게 생산자본과 연결돼 있습니다. 비록 생산자본과는 다른 자체의 법칙을 따르지만 말이죠. 예를 들어, 주식을 보유한 사람은 기업이 주주에게 지급하는 배당금을 얻게 되리라고 기대합니다. 다른 말로 하면, 주식은 잉여가치에 대한 청구권이고 따라서 앞에서 설명한 자본의 재분배 과정에 참여하게 됩니다. 그러나 주식은 실제 자본에 대한 소유권을 의미하지 자본 자체를 의미하지는 않습니다. 여러분이 어느 기업의 주식을 샀는데 나중에 이 주식의 가치가 형편없이 떨어져서 휴지 조각이 됐다고 해 보죠. 그래도 그 기업은 여러분이 지불한 가치를 여전히 갖고 있고 그것을 투자해 실제 자본으로 사용합니다. 주식시장이 붕괴하더라도 실제 자본이 파괴되는 것은 아니기 때문이죠. 단지 가치가 여러분한테서 그 기업으로 이전된 것일 뿐입니다.

물론 주식시장 붕괴는 '실제' 효과도 있습니다. 예를 들어, 주식 매매를 전문으로 하는 기업이 비용을 삭감하려고 사무실 계약을 취소하거나 고용인들을 해고하기도 합니다. 그리고 기업의 주가가 폭락하면 그 기업에 대한 신뢰가 떨어져 자금을 조달하기 어려워질 것입니다. 마지막으로 노동자의 연금이나 예금이 투자된 주식의 가치가 폭락하면 그것이 노동자에게 미치는 영향은 매우 실질적이겠죠. 그러나 그래도 여전히 가치가 파괴된 것은 아닙니다. 가치가 연기금(결국에는 노동자의 임금)에서 주식 판매자에게 이전된 것입니다.

신용 시스템이 성장하면서 새로운 형태의 허구적 자본도 많이 생겨났습니다. 미래 지대에 대한 청구권인 주택담보대출, 미래 세입에 대한 청구권인 국채, 곡물이나 석유와 같은 상품의 미래 가치에 대한 청구권인 '선물先物' 등이 그 예입니다. 이런 허구적 자본을 매매하는 것이 스스로 새로운 가치를 창출하거나 생산을 확장하는 것은 아니지만, 자본주의에 유동성을 더해 줍니다. 하룻밤 사이에 시장이 생겨나고 막대한 돈이 투기 목적으로 몰리는 것처럼 말이죠. 이런 현상은 마치 마법인 양 엄청난 부를 창출하는 것처럼 보여 금융 논평가들을 현혹시킵니다. 적어도 이 시장이 붕괴하기 전까지는 말입니다.

경제 위기를
다시 살펴보기

복잡한 금융 시스템과 허구적 자본 시장의 발전을 고려하면 경제 위기에 관한 우리의 생각을 수정해야 합니다. 우선 '실물'경제와 복잡하고 간접적으로 얽힌 완전히 새로운 종류의 금융공황이나 주식시장 공황이 발생할 수 있기 때문이죠. 이것은 자본주의의 고유한 특징인 경기순환을 악화시킬 수도 있습니다.

마르크스는 ≪자본론≫에서 일반적 패턴을 추적했습니다. 새로운 호황의 초입에는 시중에 아주 많은 화폐자본이 깔려 있는데 투자할 곳은 거의 없습니다. 이 때문에 호황 시작 전에는 이자율이 낮은 경향이 있습니다. 자본가는 그 전 공황 때 유보금(나중에는 투자 자금이 됩니다)을 많이 쌓아 놓았을 것입니다. 그러나 호황이 계속되면 자본가는 점점 외부에서 자금을 끌어와야 할 것입니다. 화폐자본 수요가 증가하고 이자율이 오르기 시작합니다.

축적이 증가하면서 '실물'경제에 문제를 일으키기 시작하고, 수많은 종류의 투기 활동이 만들어지기 시작합니다. 새로운 형태의 허구적 자본이 생겨납니다. 주가가 치솟아 기업이 생산해 내는 실질 이윤을 상회하게 됩니다. 모든 형태의 신용이 팽창합니다. 우량 고객의 대출이 고갈되면서 은행은 더 위험한 대출 상품으로 눈을 돌립니다. 이윤율이 떨어지면서 투기에서 나오는 수익이 '실물'경제에 투자하는 것보다 훨씬 더 나아 보이게 됩니다. 자산 가격이 폭등하고 투기 '거품'이 형성됩니다. 이 거품은 매우 빠르게 꺼질 수 있는데, 그러면 투자자들은 혼란에 빠지고 경제 전체에 대한 신뢰가 무너집니다.

위기가 발생하면 경제의 근본 문제가 불거집니다. 앞에서 살펴봤듯이, 신용은 자본주의가 자체의 한계를 넘어서도록 돕습니다. 자본주의가 풍선이고 그 표면에 여러 기업이 그려져 있다고 하면, 신용은 풍선 안에 불어 넣는 공기와 같습니다. 풍선이 커질수록 표면의 긴장은 커집니다. 기업과 은행은 부채 사슬로 단단히 얽혀 있습니다. 팽팽해진 풍선의 어느 곳에라도 핀을 대면 풍선 전체가 터지게 됩니다. 신용 확대는 결국 재화와 서비스가 생산되는 '실물'경제의 활력에 달려 있고, 신용이 새로운 가치의 생산과 완전히 분리될 수는 없습니다. 풍선에 공기를 계속 불어 넣고 싶다면 결국에는 풍선을 구성하는 고무의 양을 늘려야 합니다.

경제 위기가 시작되면 투자자들은 자기들이 확대한 신용의 질에 큰 의심을 품기 시작하고 다시 화폐 안정성을 추구하게 됩니다. 기존 부채를 갚아야 한다는 생각에 화폐(금이나 중앙은행이 발행한 신뢰성이 높은 화폐) 수요가 늘게 됩니다. 이자율이 급증합니다. 금융 위기와 통화 위기는 이제 경제의 핵심 모순을 증폭시킵니다. 차입과 대출의 사슬을 따라 위기가 확산되면서 호황의 싹이 잘려 나갑니다.

영국 경제가 불황으로 치닫던 2008년 가을에 쓴 〈파이낸셜 타임스〉 기사를 보면, 화폐 안정성 추구와 채권 회수가 얼마나 중요한지 알 수 있습니다.

1990년대 초 경기후퇴 이후 처음으로 운전자본(기업을 운영하는 데 하루하루 필요한 현금의 양)이 급증하면서 경영진들이 걱정하고 있다. …… 공급 비용은 늘어나고 현금 수익은 줄어들면서 운전자본을 줄이기가 빡빡해지고 있다. …… 아스다와 테스코* 같은 소매업자들은 공급 업체에게 줄 돈의 지급 기한을 연장하려고 애쓰고 있다. …… 올해 초 프리미어푸드('호비스브레드'와 '캠벨스수프' 브랜드를 소유한)는 자신이 보유한 채권을 금융회사에 팔아 넘

● 영국의 대형 할인 마트들.

기면서 현금 보유액을 1억 파운드까지 끌어올렸다. ······

　운전자본은 흔히 '운전자본 회전일수'(투자한 운전자본이 판매 수익으로 되돌아오는 데 걸리는 시간)라는 용어로 표현된다. ······ REL*의 이사 브라이언 섀너핸은 다음과 같이 말한다. "지난 열두 달 동안 모든 기업의 자금 구조가 급격히 변해서, 순채무자들이 쪼들리고 있다. 운전자본 회전일수가 늘어나고 이윤이 줄어서 은행들이 점점 인정사정 봐주지 않는다. 채무자들은 중간에 끼어 거의 죽을 맛이다."

● REL 영국의 컨설팅 회사 (추나라).

　자본주의 경제 위기의 두 번째 성격 변화는 현대 금융 시스템 때문에 발생합니다. 금이나 은 같은 '실물화폐'가 태환지폐나 신용화폐로 대체되기 시작하면, 경제 팽창기에 이런 화폐는 그것이 나타내는 금의 양보다 훨씬 더 많이 발행될 수 있습니다. 실제로 이런 과정은 매우 넓은 수준에서 자본의 순환 속도를 높이는 데 필요합니다. 그러나 공황기에는 가장 안전한 형태의 화폐로 사람이 몰리게 됩니다. 어떤 형태로든 신용거래를 하던 사람은 지불수단으로서 화폐를 찾게 됩니다. 화폐를 보유한 사람은 가능하다면 금으로 바꾸려고 합니다.

　화폐를 발행한 정부와 중앙은행이 그 화폐의 태환을 중단할 수밖에 없는 상황이 되기도 합니다. 그러면 지폐의 가치가 떨어져, 예를 들어 1만 원짜리 지폐의 가치(그것이 담고 있는 노동시간이라는 측면에서)가 추락할 수 있습니다. 중앙은행이 발행한 화폐와 금 사이의 연관이 완전히 끊어지면(대다수 현대 경제에서 그랬듯이), 화폐가치의 변동성이 엄청나게 커지기도 하지만, 이제는 국가의 권위가 그 화폐의 가치를 보증하는 유일한 기준이 됩니다. 그래서 2008년 경제 위기가 발생했을 때 공포에 질린 투자자들이 가장 크고 강력한 국가가 떠받치는 가장 안전한 통화를 추구하면서 달러의 가치가 올랐습니다.

축적 과정에서 순환하는 가치의 양은 늘어납니다. 화폐와 신용도 이에 발맞춰 많아져야 합니다. 그러나 화폐와 신용이 팽창하는 속도가 경제에서 가치가 팽창하는 속도보다 더 빨라지면, 인플레이션*이 발생할 수 있습니다. 인플레이션은 화폐와 신용이 팽창한다고 해서 자동으로 발생하는 것은 아닙니다. 예를 들어, 생산이 확장될 수도 있고, 돈을 그냥 쌓아 둘 수도 있으니까요. 경제의 전반적 사정에 따라 인플레이션 정도가 결정됩니다.

앞에서는 생산성이 향상하면서 이윤율이 떨어지는 경향이 있고 특정 상품에 담기는 가치가 낮아진다는 것을 살펴봤습니다. 자본가는 자기가 생산한 상품의 가격을 유지하거나 높여서 이를 상쇄하고자 고군분투합니다. 축적률이 여전히 높고 수요도 전반적으로 높지만 이윤율은 떨어질 때, 이런 노력이 극대화됩니다. 독점이 발전하면 이런 경향이 훨씬 더 심해집니다. 자신보다 싸게 팔 경쟁자가 없어서 마음대로 가격을 올릴 수 있기

● 인플레이션 상품의 가격이 지속적으로 오르는 것(추나라).

때문입니다. 자본주의 초기에는 경제 위기 때 물가가 대체로 떨어졌지만(디플레이션), 20세기 후반에는 대기업들이 경제 위기 때도 가격을 높게 유지할 수 있어서 체제의 다른 곳에 고통을 전가할 수 있었습니다. 또 국가가 팔리지 않는 상품을 사들이며 전체 수요를 끌어올리면서 경제 위기를 막고자 노력하기도 합니다. 국가가 예컨대 기업들을 구제하려고 마냥 돈을 더 찍어내기만 한다면, 화폐의 가치가 파괴되면서 하이퍼인플레이션*이 닥칠 수도 있습니다.

●하이퍼인플레이션(hyperinflation) 인플레이션이 통제를 벗어나 단기간에 수백 퍼센트씩 상승하는 현상.

　축적 과정에서 상품의 가치(그 상품에 담긴 노동시간)가 낮아지는 경향은 여전히 진실이지만, 동시에 화폐로 환산되는 그 상품의 가격은 오를 수 있습니다. 이는 한동안 이윤율이 저하하는 경향을 상쇄할 수도 있습니다. 그러나 이렇게 되면 다음 시기의 생산에 영향을 미치는데, 이제는 자본가가 생산에 필요한 상품을 구입할 때 돈을 더 많이 지불해야 하고, 노동자도 소비할 때 돈을 더 많이 지불해야 하기 때문입니다. 자본가가 자기 이윤을 아주 많이 낮추지 않으면 가격을 이전 수준으로 되돌릴 수 없습니다. 이윤율을 높게 유지하면 새로운 가격 상승이 동반되는 경향이 있고요. 그래서 한번 인플레이션이 일어나면 또 다른 인플레이션을 유발하는 경향이 있습니다. 결국 경제 위기를 통해 자본의 가치를 파괴해야만 문제를 해결할 수 있습니다. 인플레이션은 단지 위기를 지연시키는 것에 지나지 않으며 일반적으

로 경제의 핵심적 불균형과 모순을 악화시킵니다. 인플레이션
은 위기의 파장을 사회 전체로 확산시킵니다. 예를 들어, 인플
레이션은 부채와 저축의 가치를 낮춰서 [재무구조가] 건실한 기업
과 그렇지 않은 기업을 구분하기 어렵게 만듭니다. 인플레이션
이 일어나면 노동자는 자신의 임금으로 구매할 수 있는 것이 점
점 줄어든다는 것을 깨달으면서 '실질'임금을 유지하고자 저항
에 나서기도 합니다.

통화들 사이의 상대적 가치가 변동해 어떤 통화의 가치가 떨
어지면, 환율에 압박이 가해지고 전 세계 금융에서 일부 국가가
차지하는 위상이 약화돼 국제 금융 구조가 불안정해질 수도 있
습니다. 물론 통화가치 하락은 수출 상품의 가격을 낮춰 수출이
증가하기도 합니다.

20세기 내내 대부분의 경제는 어느 정도 인플레이션을 겪었
고, 경제가 성장하면 약한 수준의 인플레이션은 일어나기 마련
입니다. 경제 위기가 닥치면 디플레이션이 일어날 수 있습니다.
1930년대 대공황 때도 그랬습니다. 붕괴하는 시장에서 자본가
들이 어떻게든 상품을 팔려고 발버둥 치고 은행이 파산해 신용
이 말라붙으면서 상품 가격이 떨어졌습니다. 그러나 공황기에
경기 침체와 인플레이션이 결합되는 '스태그플레이션'이 발생
할 수도 있습니다. 1970년대에 그런 일이 발생했죠. 국가와 중
앙은행이 통화정책과 시장 개입 등을 통해 미치는 영향에 따라

위기의 양상이 달라질 수 있습니다. 그러나 자본주의를 거듭거듭 위기로 빠뜨리는 근본적 모순을 제거할 수는 없습니다.

인플레이션, 허구적 자본, 경제 위기의 발현과 같은 현상은 특정 국가의 맥락에서 고찰하면 훨씬 더 복잡해집니다. 세계 체제가 경쟁하는 국민경제들로 채워지면서 이런 복잡함은 배가됩니다. 마르크스의 이론에는 이런 현상을 이해하기 위한 실마리가 있습니다. 그러나 이런 문제를 '푸는' 것은 현대 자본주의를 이해하고자 하는 마르크스주의자들의 몫입니다. 이 책의 마지막에 제시한 추천 도서들은 여기서 간단하게만 언급한 이런 문제들과 씨름한 결과물들입니다.

[가격과
일반 이윤율]

앞에서도 언급했듯이, ≪자본론≫ 3권에서 마르크스는 1권과 2권의 내용을 바탕으로 자본주의를 좀 더 구체적으로 설명합니다. 1권과 2권에서 마르크스는 신용과 지대에 관한 아이디어와 경제 위기에 대한 접근법을 간략하게 설명했습니다. 그러나 체제를 더 구체적으로 분석하면서 자본주의의 기본 동학을 이해하고자 단순화했던 가정들을 수정하게 됩니다. 그중 하나가 가격과 가치의 관계를 대폭 수정한 것입니다.

≪자본론≫ 1권과 2권에서는 가격이 수요와 공급의 변동에 따라 변하지만 원래 가치를 중심으로 오르내린다고 가정했죠. 이제 마르크스는 상품 가격이 어떻게 **구조적으로** 원래 가치에서

벗어나게 되는지를 설명합니다. 이 과정은 다소 복잡하지만, 마르크스의 정치경제학을 제대로 이해하려면 꼭 다뤄야 합니다. 이 장에서는 마르크스의 주장을 간략하게만 다루겠습니다. 가격과 가치의 관계에 관한 문제는 계속해서 치열하게 논쟁되는 쟁점인데, 이것이 이른바 '전형 문제'입니다. 이에 관해서는 부록에서 다루겠습니다.

우선 ≪자본론≫ 1권에서 마르크스가 가치에 관해 주장한 것을 다시 살펴보겠습니다. 마르크스가 보기에, 상품의 가치는 노동자가 상품 생산에 투입한 산 노동의 양에 생산과정에서 이전되는 죽은 노동의 양을 더한 것입니다. 가치는 평균적 숙련도와 노동강도라는 정상 조건에서 그 상품을 생산하는 데 필요한 사회적 필요노동시간을 반영하는 화폐의 총량으로 측정할 수 있습니다. 자본가는 죽은 노동을 구입해야 하지만 거기서 이윤을 뽑아내지는 못합니다. 이윤이 창출되는 원천은 산 노동입니다. 자본가는 하루치 노동을 모두 손에 넣지만 그중에서 노동자의 노동력을 재생산하는 데 필요한 만큼만을 하루 임금으로 지급합니다. 이러한 노동력의 가치와 노동자가 생산하는 새로운 가치의 차이가 자본가가 얻는 잉여가치이고, 이것이 이윤이 생겨나는 토대입니다. 이윤율은 임금과 죽은 노동에 투입한 자본 전체에 대한 잉여가치의 비율입니다. (사실은 그렇지 않은데도) 자본가는 자신의 이윤이 산 노동과 죽은 노동 모두에서 나온다고 생각하는 것이죠. 마지막으로, 모든 조건이 동일하다면 자본의 유기적 구성이 높아지면서 이윤율이 하락합니다.

이런 분석 덕택에 마르크스는 잉여가치의 원천이 자본주의 생산과정의 핵심인 착취라는 것을 밝힐 수 있었습니다. 그러나 다양한 부문들을 포함해 자본주의 경제를 더 구체적으로 살펴보기 시작하면서 문제가 발생합니다.

경제의 여러 부문에서 자본의 유기적 구성은 (우연히 서로 일치하는 경우를 제외하면) 모두 다릅니다. 이는 부문마다 이윤율도 다르다는 것을 뜻합니다. 그러나 자본주의에는 다양한 부문의 이윤율이 균등해지는 경향, 즉 '일반 이윤율'을 향하는 경향이 존재합니다. 이 일반 이윤율은 어떻게 생겨날까요?

자본가는 본능적으로 이윤율이 가장 높은 부문에 투자해 자기 수익성을 최대화하려고 합니다. 마르크스는 자본이 부문들 사이, 즉 자본의 유기적 구성이 높은 부문(그래서 이윤율이 낮은 부문)에서 유기적 구성이 낮은 부문(그래서 이윤율이 높은 부문)으로 흘러 다닐 수 있다고 주장합니다. 이윤율이 높은 부문에서는 상품 생산이 많아져 가격이 떨어지는 반면, 이윤율이 낮은 부문에서는 상품 생산이 줄어 가격이 오릅니다. 시간이 지나면 이런 가격 변화가 부문들 사이의 이윤율을 균등하게 만드는 경향이 있습니다. 이것이 마르크스가 말한 가치가 '생산가격'으로 '전형轉形'하는 과정입니다.

일부 논평가들은 마르크스가 이런 분석을 하면서 가치론을 폐기했다고 주장했습니다.* 사실, 생산가격은 단지 가치의 좀 더 복잡한 표현일 뿐입니다. 산 노동에서 뽑아낸 잉여가치는 서로 다른 자본가들 사이를 이동하면서 일반 이윤율을 형성합니다. 여러 부문의 이윤율이 같아지면 각 부문의 자본가가 얻는 투자한 자본 단위당 잉여가치의 양이 같아집니다. 정말로 산 노동만이 아니라 모든 자본이 잉여가치를 창출하는 것처럼 보이게 됩니다.

즉, 자본가의 전체 투입 비용, 마르크스의 용어로는 '생산비'가 일반 이윤율을 따라 생산가격을 형성할 것입니다. 이 과정은 마치 자본가가 사회 전체의 잉여가치에서 단지 자신의 투자를 반영한 몫을 가져가는 것처럼 보입니다. 그래서 인쇄업 자본가가 신문 한 부를 인쇄하는 데 드는 임금, 기계, 원자재 비용이 모두 합쳐 1000원이고 일반 이윤율이 10퍼센트라면, 신문 한 부의 가격은 1100원이 됩니다.

이것이 작동하는 방식을 이해하기 위해, 간단한 수학적 방법을 사용해 자본의 유기적 구성이 다른 두 부문을 검토해 보겠습니다. 첫째 부문의 자본가는 불변자본에 4만 원, 가변자본에 6만원을 투자하고, 둘째 부문의 자본가는 불변자본에 6만 원, 가변자본에 4만 원을 투자한다고 가정해 보죠. 그리고 노동자가 하루에 일하는 시간의 절반은 임금으로 돌아가고 나머지 절반

● 그러면서 자기 입맛에 따라 마르크스를 칭찬하거나 비판합니다(추나라).

● 그러면 두 자본가가 얻는 잉여가치는 그들이 투자한 가변자본과 같아집니다(추 나라).

은 잉여가치로 돌아간다고 가정하겠습니다. *

가치

	부문 I	부문 II
c	4만 원	6만 원
v	6만 원	4만 원
s	6만 원	4만 원
자본의 유기적 구성 [c/v]	4/6=2/3	6/4=1+1/2
이윤율 [s/(c+v)]	6/10=60퍼센트	4/10=40퍼센트
산출물의 가치 [s+c+v]	16만 원	14만 원

C=불변자본, V=가변자본, S=잉여가치

이 사례에서 보듯이, 유기적 구성이 높은 부문(부문II)의 이윤율이 더 낮습니다. 자본은 두 부문 사이를 흘러 다니며 각 부문의 산출물 가격을 변동시킬 것입니다. 결국 이윤율은 전체 투자 자본 대비 잉여가치의 비율인 일반 이윤율을 향할 것입니다.

일반 이윤율

$$= \frac{전체\ s}{(전체\ c + 전체\ v)}$$

$$= \frac{100,000}{(100,000 + 100,000)}$$

$$= \frac{1}{2} = 50\%$$

이제 두 부문의 자본가 모두 총 10만 원을 투자하면 5만 원의 이윤을 얻게 됩니다(즉, 이윤율은 50퍼센트). 그러면,

가치가 가격으로 전형될 때

	부문 I	부문 II
c	4만 원	6만 원
v	6만 원	4만 원
s	6만 원	4만 원
자본의 유기적 구성 [c/v]	4/6=2/3	6/4=1+1/2
이윤율	50퍼센트	50퍼센트
이윤	5만 원	5만 원
생산 비용 [c+v]	10만 원	10만 원
생산가격	15만 원	15만 원

이것은 매우 단순화한 사례입니다. 현실에서는 투자한 자본

이 모두 실제로 소모되지는 않는데, 왜냐하면 불변자본의 일부는 고정자본으로서 여러 번 사용될 것이기 때문입니다. 따라서 산출물의 가격을 계산할 때는 서로 다른 두 불변자본(유동자본과 고정자본)의 가치가 반영될 것입니다. 이윤은 자본가가 투입한 전체 자본에 대한 비율로 계산되지만, 생산가격은 소모된 자본에 의해 결정됩니다.

이런 세부 사항을 제쳐 둔다면, 이 사례에서 한 가지는 분명합니다. 첫 번째 표의 잉여가치 총량(10만 원)은 두 번째 표의 이윤 총량과 같습니다. 마찬가지로 첫째 표의 산출물 가치의 총량은 둘째 표의 산출물 가격의 총량과 같습니다. 이것은 매우 중요한 지적입니다. 마르크스는 생산가격이 복잡한 형태의 가치라고 분석했습니다. 그래도 자본주의 체제의 핵심이 착취라는 사실에는 변함이 없습니다. 생산된 가치의 총량은 언제나 생산된 재화와 서비스 가격의 총량과 같습니다. 서로 다른 부문의 자본가들의 총이윤은 언제나 노동계급한테서 뽑아낸 총잉여가치와 같습니다. 자본가들은 자신들이 투자한 자본의 비율에 따라, 사회적으로 생산된 잉여가치를 재분배합니다.

마르크스는 이어서 이런 재분배 과정에서, 잉여가치를 생산하지 않는 자본가 집단도 자기 몫을 챙긴다고 덧붙입니다(앞에서 설명한 지대나 이자 지급 요구 외에도). 특히 화폐를 다루거나(회계업 등) 상업에 종사하는 자본가는 생산적 자본가가 직접 할 일을 대신하며, 자신의 투자를 바탕으로 일반 이윤율에 따라 이윤을 요구할 수 있습니다.

마지막으로, 마르크스는 상품 가격이 안정을 이룬다는 균형 이론을 제시하려고 하지 않았습니다. 완벽한 균형, 즉 모든 부문에서 이윤율이 일반 이윤율과 일치하고 생산가격이 언제나 '적정' 수준으로 결정되는 일은 벌어지지 않습니다. 이제 시장 가격은 (가치가 아니라) 생산가격을 중심으로 오르내립니다. 자본은 부문들 사이를 이동하지만, 즉시 이동할 수 있는 것은 아니며 흔히 장애물을 만납니다. 특히 자본이 특정한 공장이나 기계에 묶여 있을 때 그렇습니다. 경제의 역동성, 즉 축적 과정, 경쟁, 자본의 유기적 구성 증가, 자본의 주기적 가치 절하 때문에 완벽한 균형은 이뤄질 수 없습니다.

경제 위기의 정치학

"경기후퇴? 좋구먼!" "불황? 끝내 주네!" 이 말은 경제 위기를 대하는 사회주의자들의 반응을 비꼰 만평에 나오는 말입니다. 자본주의가 산산조각 나기 시작하고, 노동자들은 사회주의가 해답이라는 것을 깨닫고, 혁명이 시작되고, 적기가 휘날리며 바리케이드가 세워진다는 것입니다. 물론 진실과 거리가 먼 얘기죠. 경제 상황과 계급투쟁, 경제 상황과 정치의식 사이에는 직접적 연관성이 없습니다. 빈곤과 대규모 실업이 발생하는 깊은 침체기에는 노동자들이 투쟁에 나서기도 하지만, 반대로 쉽게 사기 저하해서 수세에 몰리기도 합니다.

마르크스와 엥겔스는 1848년에 유럽을 휩쓴 반란의 물결* 속

에서 혁명을 처음으로 직접 경험했습니다. 이 혁명은 1847년 경제 위기에 뒤이어 터지기는 했지만, 경제 위기는 이미 쌓여 있던 정치적 요인들에 방아쇠를 당기는 구실을 했을 뿐입니다. 이 혁명의 물결이 지나간 뒤에 자본주의는 새로운 번영의 시기에 접어들었고, 호황이 20년 동안 계속됐습니다. 1921년에 러시아 혁명가 레온 트로츠키는 이에 관해 다음과 같이 썼습니다.

엥겔스는 1848년 경제 위기는 혁명의 어머니였던 반면, 1849~1851년 호황은 반혁명 승리의 어머니였다고 썼다. 그러나 이 말을, 경제 위기는 언제나 혁명을 낳는 반면 호황은 노동계급을 만

족시킨다는 뜻으로 이해한다면, 매우 협소하고 완전히 틀린 해석이 될 것이다.

트로츠키*는 마르크스와 엥겔스의 경험을 1905년 혁명 직후 러시아 상황과 대비했습니다.

1905년 혁명은 패배했다. 노동자들이 엄청나게 희생당했다. 1906년과 1907년에 마지막 혁명의 불꽃이 일어났고, 1907년 가을에 커다란 세계적 경제 위기가 발생했다. …… 1907년, 1908년, 1909년에도 끔찍한 경제 위기가 러시아를 지배했다. 이 위기는 운동을 완전히 말살했는데, 투쟁 과정에서 노동자들이 너무나 많은 고통을 당했고 불황 때문에 노동자들이 의기소침해졌기 때문이다.

러시아에서는 경제가 회복해 노동자들의 자신감이 높아진 뒤에야 투쟁이 되살아날 수 있었고, 이는 1917년 혁명으로 이어졌습니다. 이런 예들을 보면, 경제와 정치의 정확한 관계는 복잡하고 일반적 법칙을 세우기 힘들다고 할 수 있습니다.

또 다른 신화는 노동자가 극도로 가난해져야 사회주의 혁명이 일어날 수 있다는 믿음입니다. 그러나 노동자가 얼마나 가난한지는 그들의 투쟁 의지와 별 관계가 없습니다. 지난 수십 년

● 레온 트로츠키(Leon Tro-
tsky, 1879~1840) 1917년 러시아 혁명의 지도자. 일국사회주의 노선에 반대했고 스탈린이 보낸 자객에게 암살당했습니다.

동안 아프리카는 경제적으로 어려웠지만 저절로 혁명이 터지지
는 않았습니다. 특정 시기, 특정 나라-에서 위대한 투쟁이 벌어
지기는 했지만 말이죠. 근래의 큰 투쟁은 볼리비아나 네팔 같은
가난한 나라에서도 벌어졌지만 비교적 부유한 지역에서도 벌어
졌습니다. 베네수엘라와 아르헨티나, 남아프리카공화국과 이
집트, 그리스가 그 예입니다.*

어떤 경제 위기는 혁명적 상황을 조성하는 요인이 되지만, 그
것은 경제 위기가 정치 위기로 발전하는 경우입니다. 예를 들면
전쟁에서의 재앙적 패배가 그런 위기로 이어지기도 합니다. 그
러나 경제 위기가 저절로 혁명으로 이어지는 것은 아닙니다. 레
닌*이 썼듯이, 혁명은 "'하층계급'이 더는 옛 방식으로 살기를
원하지 않고, '상층계급'이 옛 방식을 유지하지 못할 때만" 가능
합니다. 경제 위기는 이런 상황을 촉진할 수 있는데, 노동자들
이 더 나은 삶을 추구할지, 아니면 여태껏 익숙해진 특정 임금
수준에 만족할지 갑자기 의문을 제기하기 때문입니다.
이렇게 되면 특정한 조건에서는 과거의 확신이 무너지
면서 정치적 논쟁과 투쟁이 터져 나올 수 있습니다. 경
제 위기는 지배 계급의 자신감과 단결을 파괴해 '옛 방
식으로' 지배하기 어렵게 만들기도 합니다.

지배자들은 노동자를 착취하는 데는 공통의 이해관
계가 있지만, 축적 경쟁에 참여하고 있으므로 서로 분열

● 베네수엘라와 아르헨티나
는 라틴아메리카에서는 비교
적 부유한 나라이고, 남아프
리카공화국과 이집트는 아프
리카 기준으로는 부유한 나
라입니다(추나라).

● 블라디미르 일리치 레닌
(Vladimir Il'ich Lenin, 1870
~1924) 1917년 러시아 혁명
의 지도자.

하기도 합니다. 경제 위기가 닥치면 자본가는 노동자를 더 많이 쥐어짜려고 하기 때문에 자본가와 노동자 사이의 투쟁이 격화됩니다. 또, 남은 잉여가치를 더 많이 차지하려고 서로 싸우고, 서로에게 부담을 떠넘기고, 서로 다른 대책을 내놓기 때문에 자본가들 사이의 긴장도 높아집니다. 이런 상황은 사회의 꼭대기에 균열을 내고 사회의 밑바닥에는 자신들의 요구와 해법을 제시할 공간을 열어 주기도 합니다. 자본주의 체제의 역동성 자체가 정치적 불안정을 일으키고 흔히 전혀 예기치 못한 대중의 분노 폭발로 이어집니다.

3부
변화하는 체제

자본주의의 태동

마르크스 시절의 세계는 두 가지 혁명을 거쳐 형성됐습니다. 1789년 프랑스 대혁명*은 한 세기 전에 일어난 영국 혁명과 네덜란드 혁명보다 더 철저하게 옛 봉건귀족의 정치적 지배를 파괴했습니다. 신흥 자본가 지배계급은 옛 지배자들의 권력을 파괴하기 위해 한동안 '자유, 평등, 박애'라는 슬로건으로 대중의 힘을 이용해야만 했습니다. 자본주의가 사회를 장악하는 힘이 강해지면서, 자유란 노동자

● 1789년 프랑스 대혁명. 성난 시위대가 바스티유 감옥을 습격하고 있습니다.

가 자본가에게 자기 노동력을 팔 자유를 뜻하고, 평등이란 시장에서의 '평등'한 지위를 뜻하고, 박애란 늘어나는 노동 대중을 착취할 새로운 지배자들끼리의 형제애를 뜻한다는 점이 분명해졌습니다.

수십 년이 지나면서 새로운 적대, 즉 노동자와 자본가 사이의 적대가 드러났습니다. 이후의 '부르주아 혁명들'은 위로부터 옛 엘리트들이 추진한 것이었는데, 이들은 노동자들이 중세 지배자들뿐만 아니라 새로운 착취자들에게 원한을 갚으려 나서는 폭력적이고 혁명적인 변화가 일어나는 것을 바라지 않았습니다.

마르크스 시절의 세계를 형성한 두 번째 거대한 혁명은 영국을 중심으로 18세기 말에 시작된 산업혁명이었습니다. 영국은 이미 자체의 부르주아 혁명을 겪으며 봉건적 방식이 무너지기 시작하던 상태였습니다. 전통적 농업은 임금노동을 바탕으로 한 자본주의 농업으로 변했고, 상인은 교역을 확대하고 상업과 수공업의 중심인 도시를 건설하고 있었습니다. 직물 상인은 예전에는 면화를 농가에 가져가 실을 잣게 하고 다시 실을 모아 천을 만드는 사람에게 판매했지만, 이제는 직접 노동자를 '매뉴팩처'*에 모아 천이 생산되는 과정을 처음부터 끝까지 감독하게 됐습니다. 이런 '매뉴팩처'에서 생산과정의 속도를 높이기 위해 복잡한 업무를 몇몇 간단한 업무로 쪼개면서 '분업'이 자리 잡았습니다. 이런 종류의 노동을 중심으로 사회가 굴러가게 되자

● 매뉴팩처(manufacture) 산업자본가가 독립적 수공업자들을 임금노동자로 고용해 생산한 공장제 수공업.

노동자는 점점 돈을 받고 일하는 처지가 됐습니다. 노동자가 생필품을 직접 생산하지 않고 돈을 주고 구매해야 하는 상황이 되면서 시장이 급속히 발달했습니다. 사회 전체가 시장 네트워크로 조직됐습니다.

17세기와 18세기 초의 매뉴팩처가 산업혁명기에 공장으로 바뀐 것은 그리 큰 변화는 아니었습니다. 이미 분업으로 형성된 개별 업무를 이제는 노동자에 의해 작동되는 기계가 수행하게 됐습니다. 수력을 사용하고, 나중에 증기기관을 이용하게 되면서 노동생산성이 날로 높아졌습니다. 산업자본주의의 시대가 열렸습니다. 앞에서 살펴봤듯이, 자본주의는 급속히 확장하고 축적하는 능력이 있습니다. 자본주의는 역사상 가장 역동적인 체제입니다. 마르크스와 엥겔스는 ≪공산당 선언≫에서 다음과 같이 말합니다.

부르주아지는 …… 이집트의 피라미드, 로마의 수로, 고딕식 대성당을 훨씬 능가하는 업적을 이뤘다. 부르주아지는 과거의 모든 민족 대이동과 십자군 원정을 무색하게 할 만큼 세계를 탐험했다. …… 판로를 계속해서 넓힐 필요성 때문에 부르주아지는 전 지구를 누비고 다닌다. 그들은 모든 곳에 자리 잡고, 모든 곳에 정착하고, 모든 곳에 네트워크를 구축해야 한다. ……

부르주아지는 겨우 100년도 안 되는 지배 기간 동안, 과거의 모든 세대의 생산력을 합한 것보다 훨씬 더 크고 거대한 생산력을 창출해 냈다. 자연력 정복, 기계 사용, 공업과 농업에 화학 적용, 증기선, 철도, 전신, 세계 각지의 개간, 운하 건설, 땅에서 솟아나는 듯한 수많은 사람들. 이만한 생산력이 사회적 노동의 무릎 위에서 잠자고 있었다는 것을 지금까지 그 누가 상상조차 할 수 있었겠는가?

마르크스 시절의 고전적 자본주의는 이미 변화의 씨앗을 내포하고 있었습니다. 앞에서 인용한 마르크스의 글을 읽으면 자본주의가 세계 체제라는 점을 분명히 알 수 있습니다. 세계는 자본주의의 잠재적 시장입니다. 체제의 역동성 덕분에 자본주의는 어느 곳에나 자리 잡고 정착할 수 있습니다. 그러나 자본주의는 불균등한 체제이기도 합니다. 자본주의가 발전하는 속도는 지역마다 다릅니다. 자본주의는 영국, 저지대 나라들,* 프랑스와 유럽의 일부 지역, 북아메리카에서 처음 발현해 지구 곳곳으로 퍼져 나갔습니다. 그러나 다른 곳의 자본주의가 영국이나 프랑스 자본주의의 발전을 그저 복제하기만 한 것은 아니었습니다. 자본주의는 발전하면서 스스로 변했습니다.

국제적 확산과 함께 자본주의 변화에 포함된 두 번째 요소는 국가입니다. 자본주의 경제는 자본주의 국가가 필요합니다. 그렇다고 자본가가 스스로 국가를 직접 운영할 필요는 없습니다.

* 유럽 북해 연안의 나라들, 즉 오늘날의 벨기에, 네덜란드, 룩셈부르크를 말합니다.

실제로 서로 다른 자본가들 사이의 이해관계가 충돌하기 때문에, 자본가가 스스로 국가를 운영하는 것은 별로 좋은 방식이 아닙니다. 그러나 국가는 자본의 이해를 위해 운영돼야 합니다. 국가는 시장이 잘 돌아가게 하고, 노동자를 잘 단속하고, 교역망을 잘 관리하는 등의 일을 해야 합니다. 국가가 조직화된 폭력을 독점하는 것, 예를 들어 군대를 보유하는 것은 아직 자본주의가 침투하지 않은 곳을 뚫고 들어가는 데 아주 적합한 수단입니다.

지역마다 불균등한 자본주의 확산과 발전, 자본주의 국가의 폭력 독점 덕택에 영국과 프랑스 같은 나라들은 초기에 식민지를 획득할 수 있었습니다. 이런 식민지들은 자본주의가 발현하기 몇 세기 전만 하더라도 훨씬 더 선진적이던 곳입니다. 식민지에서 약탈한 자원과 인력을 사용하게 되면서 초기 자본주의 강대국들은 더 큰 추진력을 얻게 됐습니다.

자본주의 발전과 세계화 과정이 시작돼 세계의 대부분이 자본주의 체제로 빨려 들어오면서(독자적으로 발전했든, 다른 강대국에 점령돼 편입됐든), 자본주의는 새로운 단계로 진입하게 됩니다.

제국주의의 탄생

19세기 말에는 새로운 형태의 자본주의가 형성됐습니다. 금융이 성장하면서 자본의 집적과 집중이 빨라져, 거대 기업, 트러스트,* 카르텔,* 독점기업, 다국적기업이 생겨났습니다. 특정 국가의 이해는 점차 그 국가에 근거지를 둔 자본가의 이해와 동일시됐습니다. 자본의 단위가 커지면서 국내 시장만으로는 충분치 않게 됐습니다. 전 세계에서 원자재를 들여와야 했고, 다양한 나라의 노동자를 착취해야 했고, 많은 나라가 재화와 서비스를 판매할 잠재적 시장이 돼야 했습니다. 그래서 특정 국가들과 그 국가에 얽힌 기업들이 세계를 무대로 경쟁하기 시작했습니다.

그러나 러시아 혁명가 레온 트로츠키가 말했듯이, 자본주의

●트러스트(trust) 같은 업종의 기업이 경쟁을 피하고 더 많은 이익을 얻기 위해 자본에 의해 결합한 독점 형태.

●카르텔(cartel) 경쟁을 피하기 위해 같은 업종의 기업끼리 가격, 생산량, 판로 따위에 관해 협정을 맺어 형성하는 독점 형태. 각 기업의 독립성이 유지된다는 점에서 트러스트하고는 다릅니다.

는 "불균등하게 결합 발전"하는 체제였고 지금도 그렇습니다. 후발 국가들(체제의 불균등성이 낳은 산물)은 발전의 중간 단계를 생략하고 최신의 산업을 도입해야 할 압박을 느꼈습니다. 이 때문에 상이한 노동 형태, 상이한 산업 구성, 상이한 기술이 특정 맥락에서 결합되고 한데 얽히게 됐습니다. 그래서 1917년 혁명 전의 러시아는 유럽에서 매우 후진적인 지역이었습니다. 인구의 대부분이 여전히 농민이었으니까요. 도시의 첫 세대 노동자들은 대체로 문맹이었고 여전히 옛 농업 체제와 수많은 연관을 맺고 있었습니다. 그러나 상트페테르부르크 같은 도시에는 세계에서 가장 큰 공장*이 들어서기도 했습니다. 오늘날 인도 하

*당시 푸틸로프 제철소는 세계에서 가장 컸습니다(추나라).

이데라바드 공항에 비행기를 타고 착륙하면, 한쪽 창문으로는 빈민촌을 볼 수 있고, 반대쪽 창문으로는 '사이버 타워'라고 불리는 세계에서 가장 큰 컴퓨터 산업 복합단지가 휘황찬란하게 서 있는 것을 볼 수 있습니다. 선진 자본주의의 요소가 구식의 농업 방식과 공존할 수 있고, 막대하게 축적된 부가 터무니없는 가난과 나란히 존재할 수 있습니다.

자본주의의 불균등 결합 발전은 갈등을 불러일으킵니다. 어떤 나라는 자본주의에 새로 진입하려고 하고, 다른 나라는 더 발전하려고 하면서, 때로는 매우 급격하게 기존 자본주의 강대국과 충돌하게 됩니다. 이런 과정을 들여다보면, 제국주의적 경쟁을 잘 이해할 수 있습니다. 즉, 세계적 수준의 경쟁은 자국 자본가의 이익을 위해 운영되는 국가들 사이의 충돌로 나타납니다.

제국주의가 단지 강대국의 식민지 지배만 뜻하는 것은 아닙니다. 제국주의는 자신에게 더 유리하게 세계를 분할하려는 강대국들 사이의 충돌이기도 합니다. 그래서 19세기 말에 독일이 급속하게 발전하면서 기존 강대국인 프랑스, 영국과 충돌을 빚었고, 이는 두 차례의 세계대전으로 이어졌습니다.

제국주의 체제가 형성되면서 자본주의는 더욱 발전할 수 있었습니다. 아직 자본주의로 진입하지 못한 나라들은 이미 자본주의에 진입한 나라들에게 지배당하게 됐습니다. 그 결과 축적의 추동력이 더 강해졌고, 국가는 군대를 육성해서 자국 자본가의 이익을 수호하고 경쟁자를 물리쳐야 했습니다. 실제로, 제1 차세계대전 동안 국가는 전례 없는 수준으로 경제에 개입했는 데, 민간 자본주의와 국가와 군대가 융합해 '국가자본주의'를 구축해 다른 '국가자본주의'와 경쟁하는 경향이 생겨났습니다. 물론 이런 경향은 얼마 가지 못했습니다. 전쟁이 끝난 후에 대 다수 국가가 경제에 개입하는 수준을 낮췄기 때문입니다. 그러 나 이것은 다음 시기의 중요한 발전을 미리 보여 주는 것이었습 니다.

불황과
국가자본주의

자본주의의 고전적 시기와 제국주의가 성장하던 시기에는 세계 무역과 경제적 산출이 팽창했습니다. 그러나 앞에서 살펴봤듯이, 축적을 통해 자본주의 생산성이 높아지면 이윤율에 압박을 가하고 체제가 계속 팽창하는 데 위협이 됩니다. 이런 경향은 이미 1920년대 전부터 시작됐습니다. 일부 추정치를 보면, 1880~1920년에 미국에서는 이윤율이 거의 40퍼센트나 하락했습니다. 그러나 위기가 곧바로 터지지는 않았습니다. 그 대신에 비생산적 지출이 급증했습니다. 부유층의 사치품 소비가 늘고, 대출과 차입이 엄청나게 증가하고, 주식시장을 포함한 허구적 자본 시장이 성장했습니다. 이 덕분에 낙관론이 지속됐고 심

지어 투기 광풍까지 일었습니다. 그러
나 1929년쯤에는 이미 유럽의 실업률
이 상승하고 있었고 미국과 유럽에서는
진작부터 제조업 생산이 하락하고 있었
습니다.

1929년 10월 월스트리트의 주가가
폭락하자 근본적 문제가 드러나게 됐
습니다. 부실이 금융 시스템을 통해 급
속히 확산됐습니다. 대출금이 회수되
고, 은행이 파산하기 시작했으며, '안전
한' 화폐에 대한 수요가 늘면서 살아남

●1932년 무료 급식을 기다
리는 뉴욕의 실업자 행렬.

은 은행들이 이자율을 올렸습니다. 역사상 가장 거대한 불황●
이 시작됐습니다. 전에는 체제의 건강을 회복시켰던 '창조적 파
괴' 과정이 이제는 실업이 증가하고 경제가 정체하면서 효과를
내지 못했습니다.

결국 강대국들은 제1차세계대전 당시 얼핏 나타났던 모종의
'국가자본주의'로 돌아갔습니다. 미국에서는 국가가 제한적으
로 민간경제를 돕고 수요를 끌어올리는 뉴딜 정책을 폈고, 한동
안 경제가 어느 정도 회복되기도 했습니다. 그러나 미국 경제는
1937년에 다시 불황으로 빠져들었습니다. 결국 어마어마한 수
준의 국가 개입을 수반하는 전쟁 동원을 통해서만 불황에서 빠

져나올 수 있었습니다.

미국과 마찬가지로 나치 독일에서도 주요 자본주의 기업들이 전혀 손상되지 않았습니다. 그러나 히틀러 치하에서는 자본가의 투자 결정이 (심지어 수익성이 좋지 않을 때조차) 재무장과 전쟁 준비에 종속됐습니다. 국가가 투자와 금융을 조직하기 시작했습니다. 프랑스와 영국에서는 국가 개입 수준이 낮았던 반면에, 일본과 같은 후발 강국은 독일을 모범 사례로 삼았습니다.

소련은 국가자본주의의 논리를 끝까지 밀어붙였습니다. 월스트리트가 무너질 즈음에는 스탈린 지배 아래에서 1917년 혁명의 성과물들이 이미 사라진 상태였습니다. 러시아 혁명이 성공하려면 노동자 권력이 유럽으로 확산돼야 했습니다. 혁명의 지도자들, 특히 레닌과 트로츠키는 러시아만 떼어 놓고 보면 사회주의의 전제 조건, 즉 고도로 발달한 생산수단과 대규모 노동계급이 충분하지 않다고 봤습니다. 세계혁명이 일어나야 했습니다. 제1차세계대전 이후 얼마간 혁명이 유럽 열강들로 확산하는 듯했으나, 1920년대 말에는 사그라졌습니다. 이런 상황에서 스탈린이 떠올랐는데, 스탈린은 세계혁명이 아니라 '일국사회주의'를 주장했습니다.

스탈린은 노동자 통제와 노동자 민주주의의 잔재를 없애 버리고 '일국 국가자본주의'를 건설하기 시작했습니다. 강력하게 통제되는 관료국가가 경제의 주요 부문을 모두 지배했습니다.

인간의 필요는 축적의 필요성과 다른 강대국과 군사적으로 경쟁할 필요성에 종속됐는데, 이는 '자유 시장' 블록에서도 마찬가지였습니다. 낙후된 소련에서는 축적 과정이 특히 야만적이었습니다. 1931년에 스탈린은 "우리는 선진국보다 50~100년 뒤처져 있다. 10년 안에 따라잡지 못하면 선진국이 우리를 분쇄할 것이다" 하고 주장했습니다. 혁명의 확산이 아니라 제국주의 경쟁이 더 중요해졌습니다. 즉, 국가들 사이의 제국주의적 경쟁 때문에 소련 국가자본주의는 축적하고 착취해야 했습니다. 자유 시장 경쟁이 지금까지 사적 자본가를 자본가답게 행동하게 했듯이 말이죠. 경제 전체가 하나의 거대한 공장처럼 움직이며 다른 거대 공장들과 경쟁했습니다.

이런 사태 발전의 결과로 국가자본주의 시대가 도래했습니다. 나라마다 '자유 시장' 요소와 국가 통제가 배합되는 비율은 서로 달랐지만 말이죠. 1930년대에는 세계 무역이 급감했고 시간이 많이 흐른 뒤에야 1920년대 초 수준을 회복했습니다.

자본주의의 불균등한 발전, 1930년대의 높은 군비 지출과 군국주의화 때문에 1939년에 제국주의적 긴장은 전쟁으로 이어졌습니다. 결국 대공황을 끝내고 전후 장기 호황으로 가는 길을 닦은 것은 군비 지출, 국가 주도의 강제적 자본주의 생산 재조직과 맞물린 제2차세계대전이라는 자본 파괴였습니다. 전쟁을 딛고 일어선 자본주의는 1920년대의 체제와 매우 달랐습니다. 국가 개입은 전시에 최고조로 높아졌는데, 다시는 이전 수준으로 내려가지 않았습니다.

장기 호황

제2차세계대전 이후에 역사상 최장기 호황이 이어졌습니다. 이 시기를 자본주의의 '황금기'라고 부릅니다. 사람들은 흔히 이것이 '케인스주의' 경제 이론, 국가계획, 자본과 노동의 타협 덕분이라고 생각합니다. 사실, 호황의 길을 닦은 것은 자본의 '청산'과 재조직이 불황과 전쟁과 맞물린 결과였습니다. 그러나 호황이 어떻게 1970년대 중엽까지 지속됐는지를 이해하려면 이 시기에 벌어진 제국주의 경쟁의 본질을 더 알아야 합니다.

미국과 소련이 전쟁을 거치면서 세계 초강대국으로 떠올랐는데, 미국의 영향력이 소련보다 지리적으로 훨씬 더 넓었습니다. 두 국가는 군비를 엄청나게 쏟아부었는데, 특히 핵무기를 어

●나토(NATO)와 바르샤바
조약기구(WTO) 각각 미국
과 소련이 서유럽과 동유럽
에서 서로에 대항하기 위해
만든 군사 기구. 바르샤바조
약기구는 1991년에 해체됐
습니다.

●마이크 키드런(Mike Kid-
ron, 1930~2003) 1970년대 중
반까지 영국 사회주의노동자
당의 전신인 ≪소셜리스트
리뷰≫ 그룹과 국제사회주의
자들(IS)의 지도적 이론가였
습니다. 전후 장기 호황을 설
명하기 위한 '상시군비경제'
이론으로 유명합니다.

마어마하게 비축했습니다. 미국과 소련은 각각 나토와 바르샤바조약기구●의 군사력에서 핵심이었는데, 이런 군비 지출 덕분에 체제 전체가 안정될 수 있었습니다. 이 주제에 관해 선구적 논문을 여럿 제출한 마이크 키드런●은 다음과 같이 썼습니다.

군비 지출을 위해 자본에 과세하는 것은, 그러지 않으면 생산에 투입될 자원을 제거하는 효과를 낸다. 군비 지출이 빠르게 소모되는 최종생산물에 대한 지출인 한은 소비자 시장, 즉 '최종' 상품 시장을 더 키우는 효과를 낸다. 군비 지출의 결과 하나는 완전고용이고, 완전고용 덕분에 사상 최고의 성장률이 달성되므로, 군비 지출을 위한 과세가 자원을 잠식하는 효과가 즉시 나타나는 것은 아니다. 그러나 그런 효과가 있는 것은 사실이다. 자본이 세전稅前이익을 모두 투자하고 국가가 필요할 때마다 수요를 창출한다면 성장률은 훨씬 더 높을 것이다. 결국, 무기는 다른 상품을 생산하는 데 생산수단으로도 소비재로도 쓰이지 않는다는 점에서는 '사치재'이므로 무기 생산은 대체로 이윤율에 영향을 미치지 않는다.

이 주장의 첫 부분은 간단합니다. 무기 생산이 자본가가 추출한 잉여가치의 배출구라는 것입니다. 자본가는 세금을 내고 정부는 이 세금으로 무기를 생산합니다. 이는 자본가의 투자 수준을 낮춰서, 자본의 유기적 구성이 높아져 이윤율이 저하하는 경향을 둔화시킵니다. 이 주장의 둘째 부분은 군비 지출이 부자들의 '사치품' 소비와 비슷하다는 것입니다. 소비재와 생산수단은 자본주의 생산에 피드백 되지만(각각 가변자본과 불변자본이라는 형태로), 자본가의 사치품 소비는 그렇지 않습니다. 사치품은 자본주의 체제의 '배출구' 구실을 합니다. 무기는 창고에 쌓여 있거나 전쟁에 사용됩니다. 어느 쪽이든 생산적으로 소비되지 않습니다. 미래의 잉여가치 생산에서 아무런 구실도 하지 않기 때문입니다. 마침내 군수산업에서 자본의 유기적 구성이 높아지면 이 부문의 이윤율이 떨어지고 일반 이윤율도 약간 떨어질 것입니다. 그러나 앞서 봤듯이 자본은 군수 부문에서 체제의 다른 부문, 즉 생산적이고 유기적 구성이 낮은 부문으로 이동합니다. 그 결과 군수산업에서는 생산가격이 오를 것이고 다른 부문에서는 떨어질 것입니다. 이는 불변자본과 가변자본의 가격을 떨어뜨리고 일반 이윤율이 떨어지는 속도를 늦출 것입니다. 이론상 어떤 '사치품'이라도 이런 구실을 할 수 있습니다. 실제로 냉전기의 군비경쟁 덕분에 군비 지출이 체제를 안정시키는 환경이 조성됐습니다.

그러나 키드런이 이름 붙인 이 '상시군비경제'는 스스로를 끝장낼 씨앗을 품고 있었습니다. 첫째, 이윤율 저하 경향은 늦춰졌지만 멈춘 것은 아니었습니다. 1970년대 중반에 이윤율은 두드러지게 떨어졌습니다. 둘째, 특정 경제는 군비 지출 부담을 덜 수 있었습니다. 특히, 일본과 독일은 제2차세계대전 이후 군비 예산을 늘릴 수 없었습니다. 강대국들의 군비 지출이 체제 전체를 안정시키는 동안, 일본과 독일의 생산적 부문 투자가 미국과 소련을 넘어서게 됐습니다. 이는 결국 일본과 독일 경제의 이윤율을 압박했지만, 일본과 독일은 생산물 가격을 낮출 수 있었습니다. 그래서 일본과 독일의 제조업은 수출을 통해 세계시장에서 훨씬 더 효과적으로 경쟁할 수 있었고, 수출 부문에서 초과이윤을 얻을 수 있었습니다. 이렇게 군비를 지출하지 않은 국가들이 성장하면서 군비 지출에 헌신한 국가가 세계경제에서 차지하는 비중이 줄게 됐습니다.

이러는 동안에 미국과 소련은 막대한 군비 지출 비용을 감당해야 했습니다. 미국은 베트남 전쟁에서 패배하며 큰 부담을 지게 됐고, 소련도 아프가니스탄에서 마찬가지 신세였습니다. 오늘날 군비 지출은 여전히 고용을 창출하고 수요를 끌어올리며 경제를 부양하는 데 도움을 줍니다. 그러나 예전처럼 체제를 안정화하는 효과는 사라졌고, 실제로는 군비를 지출하는 국가들에 부담만 되고 있습니다. 이 국가들이 자신들의 무기를 사용해 경제적 지위를 강화하는 방법을 찾지 못한다면 말이죠.

전후 호황기에 일본과 독일이 급성장하고 냉전 초강대국들이 받는 압박이 커지면서 중소 산업국가들이 성장하게 됐습니다. 제2차세계대전 이후, 전에는 식민지였던 많은 나라들이 독립해서 자체적 산업 기반을 구축하게 됐습니다. 이 나라들은 대체로 모종의 국가자본주의를 도입했습니다. 새로운 자본주의 강대국이 등장하는 것은 저절로 일어나는 일은 아니지만, 그렇다고 불가능한 일은 아닙니다. 예를 들어, 브라질, 인도, 중국처럼 규모가 큰 일부 국가들은 상당한 규모의 산업 기반을 마련했습니다. 타이완, 남한, 말레이시아 같은 일부 국가들은 국가 주도로 일본 기술을 모방해 수출 지향적으로 성장했습니다. 이런 경제들은 대부분 주기적 쇠퇴를 겪기도 했지만 전후 시기에 자본주의의 모습은 전반적으로 바뀌었습니다. 세계경제를 주름잡는 초강대국이 있는 한편, 이제는 '아류 제국주의'도 생겨났습니다. 이들은 미국과 소련이 세계 수준에서 누리는 지위를 지역 수준에서 누리고자 합니다.

다시 위기로

1950년대와 1960년대에 점차 하락하던 이윤율은 1970년대부터 일련의 심각한 경제 위기로 이어졌습니다. 전에는 '상식'이던 케인스주의 처방이 새로운 난제 앞에서는 완전한 무능을 드러냈습니다. 결국 대다수 정치인들은(어느 당 소속이든) 케인스주의 이데올로기를 폐기하고 더 오래된 경제사상 조류를 받아들였습니다. 이제 통화주의와 신자유주의가 득세하게 됐습니다. 그러나 이데올로기는 변했어도 국가의 구실, 즉 경쟁하는 국가들의 위계질서로 이뤄진 세계 체제는 여전했습니다. 아르헨티나의 마르크스주의자인 아틸리오 보론*은 2005년에 다음과 같이 썼습니다.

● 아틸리오 보론(Atilio Boron) 아르헨티나의 마르크스주의자. '라틴아메리카사회과학협의회(CLACSO)'의 사무국장이며 부에노스아이레스 대학교(UBA)에서 정치이론을 가르칩니다. 국내에 번역된 저서는 ≪진실 말하기≫(공저, 갈무리, 2008) 등이 있습니다.

200대 다국적기업 중 96퍼센트는 고작 여덟 나라에 본사를 두고 있다. 법적으로 여덟 나라에 등록돼 이사회 회의도 이 여덟 개 자본주의 본국들에서 열린다. 이사진 중에 다른 나라 출신은 2퍼센트도 안 된다. 이런 기업들의 기술 개발은 85퍼센트 이상이 자기네 '국경' 안에서 이뤄졌다. 이 기업들의 영향력이 뻗치는 범위는 국제적이지만 그 자산과 소유자는 분명히 일국적이다.

그리고 국가 예산은 여전히 대다수 나라의 경제에서 큰 부분을 차지합니다. 실제로 미국과 영국 같은 나라에서는 말로는 작은 정부를 외치면서도 국가 예산이 늘었습니다. 국가는 여전히 자국의 자본가를 위해 전쟁을 벌이고, 경제 위기가 닥쳐 체제를 위협할 때는 파산한 기업을 구제합니다. 자유무역이라는 미사여구는 노동자를 공격할 때나 강대국이 약소국에 재화와 서비스를 판매할 때 주로 사용됩니다.

장기 호황이 끝날 무렵의 세계는 확실히 호황 초기보다 더 세계화됐습니다. 무역이 1920년대 수준을 넘어섰고, 자금의 흐름이 이전 어느 때보다 더 세계화됐으며, 생산도 점차 국경을 넘어서 조직됐습니다. 이런 발전 때문에 세계시장과 국제적 분업에 접근이 제한된 소련 같은 나라들은 경쟁자들을 따라잡기가 어려워졌습니다. 결국 미국과의 축적 경쟁이 소련 경제를 무너뜨렸습니다. 나중에 소련과 동유럽 나라들에서 봉기가 일어나 옛

'국가자본주의' 정권들이 몰락하고 서구식 자본주의에 가까운 체제로 대체됐습니다.

경쟁하는 두 진영으로 고정된 제국주의 체제인 냉전이 끝나자 새로운 제국주의 국가가 나타날 가능성이 생겼습니다. 대체로 국가자본주의 방식으로 산업 기반을 충분히 구축한 일부 국가들이 이제는 세계 수준의 경쟁에 뛰어들기 시작했습니다. 예를 들어, 중국은 1990년대와 2000년대에 매년 거의 10퍼센트씩 성장했습니다. 자본주의 세계에 빨려 들어오긴 했지만 다른 나라와 경쟁할 자원과 힘이 부족한 나라들은 다시 도태됐습니다. 아프리카의 많은 나라들이 이런 운명에 처했습니다.

세계화가 확산됐지만 세계경제의 불균등성은 바뀌지 않았습니다. (자본가의 관점에서는) 몇몇 지역이 다른 지역보다 훨씬 더 '중요'했습니다.

물론 자본가는 다루기 쉽고 수익만 좋다면 어디서든 노동자를 착취하고 싶어 합니다. 다국적기업과 그 부품 업체들이 제3세계 경제를 매력적으로 생각하는 이유는 값싼 노동력이 많기 때문입니다. 그러나 산업이 제3세계로 쉽게 '이전'할 수 있는 것은 아닙니다. 자본가는 여전히 이미 투자한 곳에 투자하는 경향이 있습니다. 이런 곳에는 더 크고 수익성이 좋은 시장, 국가와 사기업이 수십 년간 투자한 기반 시설, 건강하고 숙련된 노동력, 공급망이 잘 갖춰져 있습니다. 자본주의는 여전히 서유럽, 북아메리카, 일본, 그리고 남한 등의 몇몇 신흥공업국과 중국에 중심을 두고 있습니다.

특정 나라나 지역의 GDP를 세계 전체 GDP와 비교하면, 그 나라나 지역이 세계 체제에서 차지하는 상대적 중요도를 알 수 있습니다. 1969년 미국과 유럽, 일본은 세계 GDP의 약 80퍼센트를 차지했습니다. 2007년, 즉 '세계화'가 시작된 지 38년이 지난 뒤에도 이 나라들은 여전히 세계 GDP의 70퍼센트를 차지합니다. 여기서 10퍼센트 정도 줄어든 것은 중국이 성장했기 때문입니다. 체제 전체로 봤을 때, 라틴아메리카, 아프리카, 중동 경제가 차지하는 비중은 그다지 바뀌지 않았습니다.

무역 패턴도 각국의 서로 다른 중요도와 세계화 정도를 반영합니다. 세계 최대의 경제를 살펴보죠. 2000년대 중반 미국의 총 수입액은 미국 GDP의 18퍼센트였습니다. 비록 순 수입액*은 GDP의 5퍼센트밖에 되지 않았지만 말이죠. 지난 15년 동안 미국의 교역량은 계속 성장했습니다. 그러나 여전히 수입의 3분의 2는 유럽연합, 일본, 캐나다, 멕시코, 중국에서 왔습니다.* 사실 이 나라들이 미국의 수입에서 차지하는 비중은 계속 늘었습니다. 가장 두드러진 변화는 대對중국 수입이 성장한 것이지만, 2005년 대중국 수입이 미국 GDP에서 차지한 비중은 2퍼센트밖에 되지 않았습니다. 이것은 [미국보다는] 중국한테 더 중요했습니다. 중국 GDP의 10퍼센트를 차지했으니

● 수입에서 수출을 뺀 것을 말합니다(추나라).

● 이 중 캐나다와 멕시코는 각각 미국의 북쪽과 남쪽의 인접국입니다(추나라).

까요. 중국의 대미 수출은 동아시아 경제에도 매우 중요했습니다. 중국의 대미 수출 가운데 70퍼센트 정도는 동아시아의 다른 나라에서 수입한 부품이나 원자재와 관련 있기 때문입니다. 국경을 초월한 생산이 늘어나고 일부 중요한 자본 축적의 새로운 중심지가 생겨나는 것을 세계화라고 한다면 세계화는 실재합니다. 그러나 불균등한 발전이 사라지고 국민국가의 경제적 구실이 사라지는 것을 세계화라고 한다면 세계화는 완전한 허구입니다.

세계화와 다국적기업의 증가 때문에 노동자가 싸우지 못하게 됐다는 말도 신화입니다. 다국적기업은 국제적 분업과 '적시^{JIT}' 생산방식$^●$에 점점 더 의존하고 있습니다. 그러나 이는 세계의 특정 지역 노동자들에게 엄청난 힘을 줄 수 있습니다. 예를 들어, 2008년 2월 자동차 축을 생산하는 미국의 노동자 3500명이 파업$^●$을 벌이자, 그들이 부품을 공급하는 모든 제너럴모터스 공장이 즉시 멈췄습니다. 2008년 보잉의 한 공장에서 노동자들이 파업을 벌이자, 그 손실이 국제적으로 매일 1억 달러에 달했습니다. 이 파업의 효과는 미국 국내는 물

● 적시(just in time) 생산방식 모든 생산과정에서 필요할 때 필요한 것을 필요한 만큼만 생산함으로써 생산시간을 단축하고 재고를 최소화해 '낭비'를 없애는 생산방식. 일본의 토요타가 처음 도입했습니다.

● 2008년 아메리칸액슬 파업은 미국, 캐나다, 멕시코 전역에 영향을 미쳐 30여 개 공장이 멈췄고 3만 7000여 명이 일손을 놓아야 했습니다.

론이고 일본과 프랑스까지 미쳤습니다.*

세계화에 관한 신화는 아주 많지만, 오늘날 노동계급의 성격에 관한 신화가 가장 심각합니다. 몇몇 나라에서는 특정 산업의 일자리가 줄었습니다. 영국에서는 1997년 이후 10년 동안 제조업 일자리 150만 개가 사라져서 이 부문의 노동자들이 큰 고통을 겪었습니다. 같은 기간에 금융 부문에서 비슷한 수의 일자리가 새로 생겼습니다. 일부는 고소득 일자리였지만, 대부분은 콜센터에서 일하거나 컴퓨터로 데이터를 처리하는 허드렛일이었습니다. 이런 곳들은 전통적 공장과 달라 보이지만 노동강도, 임금, 노동조건, 관리자의 괴롭힘은 똑같습니다. 일반적으로, 노동의 세계에서 놀라운 점은 그것이 완전히 변하기는커녕 거의 변하지 않았다는 것입니다. 마르크스가 살던 150년 전과 똑같은 착취와 축적의 과정이 여전히 체제가 굴러가는 중심에 있습니다. 작업장은 여전히 착취를 중심으로 굴러가고, 관리자는 노동자를 협박하고 매수해서 죽은 노동의 축적물과 함께 일하게 합니다.

노동자가 재화를 생산하는지 서비스를 생산하는지는 중요하지 않습니다. 일반적으로, 인도네시아에서 컴퓨터를 조립하는 노동자와 영국에서 빅맥 햄버거를 굽는 노동자는 공통점이 많습니다. 이 노동자들은 서로 멀리 떨어진 곳에 살고 있지만, 똑같은 소외와 똑같은 착취를 당하기 때문에 서로 연대할 토대가 마련됩니다.

● 당시 이 파업의 효과는 일본의 후지중공업과 프랑스의 사프랑 그룹에까지 미쳤습니다(추나라).

어떤 점에서는 지난 몇 년 동안 노동자들의 조건이 더 나빠졌습니다. 1970년대 경제 위기에 대응해 세계의 지배계급들은 이윤율을 끌어올리고자 구조조정을 단행하고 착취를 강화했습니다. 이런 공격이 가장 효과적으로 이뤄진 곳은 마거릿 대처*의 영국과 로널드 레이건*의 미국이었습니다. 대처와 레이건은 강력했던 노동자 조직을 파괴하고 사장들에게 노동자들을 공격하라고 부추겼습니다. 그 결과, 지배계급은 더 많은 부를 차지하게 됐고, 다른 나라들도 대처와 레이건의 조처를 도입했습니다. 이런 조처와 함께 수익성이 낮은 자본 단위를 청산한 덕분에 1980년대 말에 이윤율이 상승할 수 있었습니다. 그래도 1960년대나 1950년대 수준으로는 회복하지 못했습니다.

이윤율의 제한적 회복만으로는 체제가 활력을 되찾지 못했습니다. 예를 들어, 미국은 1973~1975년, 1980~1982년, 1990~1991년, 2001~2003년에 경기후퇴를 겪었습니다. 이윤율을 끌어올리려는 노력은 새로운 문제를 낳기도 했습니다. 임금을 동결하거나 심지어 삭감한다면, 자본주의 체제는 어떻게 과잉생산에 빠지지 않고 생산물을 모두 판매하거나 소비할 수 있을까요? 이윤율이 매우 높다면 자본가가 다른 자본가의 생산물을 단순히 구입하면 될 것입니다. 이런 끝없는 축적 과정이 이성적인 것은 아니지만 자본가에게는 합리적입니다. 그런데 이렇게 축적 수준을 높게 유지할 만큼 이윤율이 충분하지 못하다면 자

●마거릿 대처(Margaret Thatcher) 1979~1990년 영국의 총리.

●로널드 레이건(Ronald Reagan, 1911~2004) 1981~1989년 미국의 대통령.

본주의 생산물은 다른 방법으로 소비돼야 합니다. 1990년대부터 2000년대 중반까지 개인 부채가 엄청나게 늘어 임금이 동결되거나 심지어 하락해도 노동자들이 더 소비할 수 있었습니다. 이런 식으로 2007년까지 10여 년 동안 미국에서는 개인 부채가 GDP의 2.5배에서 3.5배로 늘었습니다. 이 기간에는 경제가 성장하는 만큼 빚도 쌓여 갔습니다. 이런 부채는 어느 수준까지만 팽창할 수 있었습니다. 즉, 노동자들은 자신들의 부채를 감당하기에 미래가 너무 어둡다고 느꼈고, 돈을 빌려 준 자들은 돈을 회수할 수 있을지 두려워하기 시작했습니다.

다른 요소도 근본적 문제를 숨기고 있었습니다. 축적이 둔화하면, 돈을 가진 자본가들은 생산적 경제에서는 적당한 투자처를 찾지 못하게 됩니다. 그 대신에 이들은 금융 시스템과 허구적 자본 시장이 이윤을 창출해 줄 거라고 기대하게 됩니다. 그래서 정부나 은행에 돈을 빌려 주기도 하고, 주식이나 부동산 같은 자산에 투기하기도 합니다. 이는 복잡한 금융 상품에 대한 도박이 늘어난다는 뜻입니다. 이 때문에 한동안 경제가 성장하는 것처럼 보입니다. 그러나 결국 거품은 꺼지거나, 더 흔하게는 갑자기 터지게 됩니다.

오늘날 자본주의가 직면한 문제는 앞에서 다룬 두 시기의 장기적 추세가 만들어 낸 산물입니다. 체제가 노쇠해 갈수록 이윤율을 회복하려면 경제 위기, 즉 체제를 청소하는 것이 필요합니다. 그러나 자본이 집적되고 집중된 결과 자본 단위가 점점 커져서 이제는 경제 위기가 체제에 가하는 위험이 그 어느 때보다 더 커집니다.

가치를 생산하는 '실물'경제 바깥에서 이윤 창출을 모색하고, 체제의 상당 부분을 망하게 내버려 두는 대신에 경제 위기의 부담을 체제 전체에 퍼뜨리는 메커니즘이 거듭됩니다. 체제의 '낭비', 즉 비생산적 지출 영역이 거대하게 성장하는 장기적 추세 덕분에 투자율이 낮아져 위기로 향하는 경향이 늦춰질 수는 있지만, 이 때문에 체제의 역동성이 떨어지기도 합니다.

자본주의는 끊임없이 변합니다. 호황은 특정 시기, 특정 지역에서 시작할 수 있습니다. 그러나 이런 호황은 흔히 체제 전체를 불안정하게 합니다. 1990년대와 2000년대 초중반에 중국이 성장한 것 때문에 체제에 엄청난 불균형이 생겨났습니다. 중국은 미국의 소비자들에게 상품을 판매하면서 동시에 미국의 국채를 대량 매수하는 방식으로 미국에 돈을 빌려 줬습니다. 이런 선순환은 순식간에 두 나라 경제를 주저앉히는 악순환으로 바뀔 수 있습니다. 2008년에 그랬듯이 말이죠.

급속한 축적을 동반한 호황은 그만큼 후퇴하기도 쉽습니다. 1980년대에는 일본이 미국을 누르고 세계 최대 경제가 되리라는 주장이 많았습니다. 그러나 일본 경제는 1990년대에 스태그네이션에 빠졌고 이 책을 쓰고 있는 지금까지도 충분히 회복하지 못하고 있습니다.

자본을 매우 파괴적으로 '청산'하지 않는다면 전후 황금기처럼 높은 이윤율을 구가하는 일반적 호황이 도래하기는 힘듭니다. 가파르고 심각한 경제 위기가 일어날 가능성이 있습니다. 다른 방법은 전쟁입니다. 전쟁을 추동하는 힘은 지난 몇 년간 강해졌습니다. 제2차세계대전 이후 미국은 혼자서 세계 생산의 절반을 차지했습니다. 오늘날 이 수치는 25퍼센트로 낮아졌습니다. 그러나 미국은 여전히 세계 군비 지출의 거의 50퍼센트를 차지합니다. 이 때문에 미국의 지배계급은 경제적 쇠퇴를 군사력으로 벌충하려는 유혹을 느낍니다. 조지 부시는 2001년 9·11 공격을 이 과업을 수행할 기회로 삼았습니다. 2001년 아프가니스탄, 2003년 이라크 침공과 점령의 처참한 결과에서 볼 수 있듯이, 이런 정책은 위험 부담이 큽니다. 그러나 자본주의의 야만성 때문에 지배자들은 위험한 도박을 하기도 합니다.

다른 강대국들과 동등하게 세계적 제국주의 각축이라는 게임에 참가하고 싶어 하는 중국 같은 신흥 경제 대국이 부상하는 등 세계 경제 패권의 균형이 바뀌면서 전쟁 가능성이 커집니다. 경제 위기가 닥치면 서로 경쟁하는 지배계급들은 위기의 부담을 서로에게 전가하고 잉여가치를 더 얻으려고 분투하면서 지배계급 사이의 갈등이 첨예해질 수 있습니다.

마지막으로 자본주의는 축적 과정에서, 특히 화석연료를 자

● 지구온난화로 녹아내리는 빙하

신의 혈액으로 삼으면서 생태 파괴라는 새로운 문제를 일으켰습니다. 지구온난화의 피해*는 노동자들과 세계의 가난한 사람들에게 가장 클 것인데, 예를 들면 식량과 깨끗한 물을 둘러싼 분쟁이 벌어질 것입니다. 지구온난화는 서로 경쟁하는 자본가 국가들과 집단들 사이의 분쟁을 낳을 잠재적 요소이기도 합니다.

자본가들 사이의 긴장은 끔찍한 사태로 이어지기도 하지만 노동자들이 한 걸음 전진해 자신들의 해결책을 내놓을 수 있는 조건을 창출하기도 합니다. 체제 상층부에서 균열이 일어나면 이데올로기에 혼란이 생기고 지배자들이 분열할 수 있습니다. 동시에, 자본가와 노동자 사이의 긴장은 공공연한 충돌로 터져 나오기도 합니다. 노동자 혁명에서 필연적인 것은 아무것도 없습니다. 혁명은 정치적 문제이며, 자본주의를 넘어설 사회주의적 대안이 필요하다고 확신하는 사람들이 아직 그렇지 않은 사람들을 설득하는 조직화된 정치적 대응이 필요합니다. 사회주의가 필연은 아니지만, 자본과 노동 사이의 투쟁은, 마르크스가 말했듯이 때로는 은밀하게 때로는 공공연하게, 자본주의가 지속되는 한 거듭거듭 벌어질 것입니다. 이런 투쟁에는 이윤 추구가 아니라 인간의 필요에 따라 세워지고, 자본가가 위에서 운영하는 것이 아니라 아래로부터 민주적으로 운영하는 세계, 야만의 세계가 아니라 사회주의 세계의 씨앗이 담겨 있습니다.

부록

마르크스의 지대론

'전형 문제'

마르크스의 지대론

마르크스의 지대地代론을 보면, 자본주의 축적 과정에서 노동자한테 쥐어짠 잉여가치의 일부가 어떻게 토지 소유자에게 돌아가는지를 알 수 있습니다. 여기서는 마르크스의 설명을 간단하게, 어느 정도는 단순화해서 요약하겠습니다. *

마르크스는 먼저 지대의 개념을 간단한 예를 들어 설명합니다. 어떤 자본가가 물레방아를 돌려 동력을 얻을 수 있는, 폭포가 있는 땅에 공장을 세우면 어떤 일이 일어날까요? 경쟁 자본가가 증기력으로 성취하는 것을 이 자본가도 모두 달성할 수 있다고 가정하면, 폭포를 사용하는 자본가가 유리합니다. 산출물의 생산가격이 12만 원이고 증기력을 이용할 때의 생산비가 10만

* 이 부록에서는 "가격과 일반 이윤율"이라는 장에서 간략하게 설명한 생산가격과 생산비라는 개념을 독자 여러분이 어느 정도 알고 있다고 가정하겠습니다(추나라).

원이라고 가정하면, 증기력을 이용하는 자본가가 얻는 이윤은 2
만 원입니다. 수력을 이용하는 자본가의 생산비가 8만 원이라
고 하면, 이 자본가가 얻는 이윤은 2만 원이 아니라 4만 원입니
다. 폭포가 새로운 잉여가치를 생산하는 것은 아닙니다. 요점은
자연현상을 이용해 생산비를 다른 자본가보다 낮췄다는 것입니
다. 여기까지만 보면 폭포를 이용하는 자본가가 초과이윤을 모
두 가져가는 것처럼 보입니다. 그러나 마르크스는 다음과 같이
말합니다.

이 폭포가, 그것이 자리 잡은 토지와 함께, 그 지역의 토지 소유자
로 간주되는 사람의 수중에 있다고 가정하면, 이 토지 소유자는
폭포에 자본을 투입해 이용하려는 것을 막을 수 있다. 그는 폭포
의 이용을 허락하거나 금지할 수 있다. 그런데 자본은 자기 자신
의 힘으로는 폭포를 창조하지 못한다. 따라서 이 폭포를 이용해
서 생기는 초과이윤은, 자본에서 발생한 것이 아니라, 독점할 수
있으며 독점돼 있는 자연력을 자본이 이용하는 것에서 발생한다.
이런 상황에서는 초과이윤이 지대로 전환된다. 즉, 초과이윤은
폭포 소유주에게 돌아간다.

마르크스는 이 일반적 개념을 농지에 적용해, 토지 소유자가
자본의 토지 접근을 통제해서 초과이윤을 가로챈다고 설명합니

다. 또 비슷한 방법을 더 일반화해서, 예를 들면 광산이나 건설 현장에도 적용할 수 있다고 가정합니다.

마르크스는 농업 지대를 세 가지 범주로 나눠 분석합니다. 첫째는 '차액지대 Ⅰ'이라고 부릅니다. 이것은 "동일한 넓이의 토지에 동일한 자본과 노동을 투입했는데 결과물의 양이 다를" 때 생기는 지대입니다. 이런 결과는 토양이 원래 더 비옥해서일 수도 있고 토지의 위치가 특별히 좋아서일 수도 있지만, 마르크스는 전자에 초점을 맞춥니다. 매우 비옥한 땅에서 경작하는 농업 자본가가 창출한 초과이윤의 일부나 전부는 토지 소유자에게 돌아갈 수 있습니다. 토지 소유자에게 그럴 만한 힘이 있다면 말이죠.

'차액지대 Ⅱ'는 상이한 토지에 투자되는 자본량이 달라지거나 같은 토지에 순차적으로 투자되는 자본량이 달라지는 것이 미칠 효과를 고려한 것입니다.

투자를 갑절로 늘릴 때 토지의 생산량이 갑절로만 늘어난다면 별로 복잡할 것이 없습니다. 그러나 투자를 갑절로 늘릴 때 상대적으로 척박한 토지의 생산은 갑절로 늘어나는 반면, 상대적으로 비옥한 토지의 생산은 네 곱절로 늘어난다면 어떨까요? 또는, 처음에 투자를 갑절로 늘릴 때는 토지 생산량이 네 곱절로 늘어나지만, 그다음에는 투자를 갑절로 늘려도 토지 생산량이 갑절만 늘어난다면 어떨까요? 차액지대 Ⅱ는 이런 상황에서 토지 소유주가 가져갈 수 있는 추가 지대를 분석한 것입니다.

마르크스는 차액지대 I 을 이해하지 못하면 차액지대 II도 이해할 수 없다고 강조했는데, 상이한 자본은 언제나 질도 불균등하고 위치도 다른 토지에 투자되기 때문입니다. 실제로, 역사적으로 토지의 질을 결정한 것은 농업기술과 과학적 방법의 차이였습니다. 차액지대의 두 가지 형태를 단순히 합할 수는 없습니다. 이 둘이 조합되는 방식은 역사적으로 다양했으므로 이를 고려해 연구해야 합니다. 마르크스는 가능한 조합 몇 개를 예로 들어 자세히 설명합니다.

마지막으로, '절대지대'는 농업 부문과 다른 부문 사이의 차이에서 비롯하는 결과입니다. 농업 부문에서 자본의 유기적 구성이 낮다면 자본이 이 부문으로 흘러가 산출물의 가치보다 생산가격이 낮아지고, 결국에는 상이한 부문 사이의 이윤율이 균등해질 것이라고 예상할 수 있습니다. 그러나 이런 자본 흐름이 지연된다면, 농업 생산물은 생산가격보다 비싸게 판매되고 토지 소유주는 다른 차액지대에 더해서 이 차이를 절대지대로서 얻을 수 있을 것입니다.

●벤 파인(Ben Fine) 마르크스주의 경제학자. 런던 대학교 아시아아프리카 대학 (SOAS) 경제학과 교수.

●알프레두 사드-필류(Alfredo Saad-Filho) 마르크스주의 경제학자. 런던 대학교 아시아아프리카 대학(SOAS) 개발학과 교수.

지금까지 간단하게 살펴봤듯이, 지대는 《자본론》에서 다룬 주제 가운데 매우 구체적이고 복잡한 주제입니다. 이 책 마지막에 제시한 책들은 이 주제를 더욱 자세하게 다루고 있습니다. 벤 파인●과 알프레두 사드-필류●는 《마르크스의 자본론》

에서 마르크스의 이론을 훌륭하고도 간결하게 설명합니다. 데이비드 하비*의 야심작 ≪자본의 한계≫와 이후의 저작들은 마르크스의 지대론을 일반화해 자본주의의 공간적 구조와 발전에 관한 정교한 이론으로 구성하고, 그 때문에 경제 위기의 패턴이 어떻게 달라지는지 이해할 수 있게 해 줍니다.

●데이비드 하비(David Harvey) 마르크스주의 이론가이자 급진 지리학자. 뉴욕 시립 대학교 교수.

'전형 문제'

"가격과 일반 이윤율"이라는 장에서 설명했듯이, 가치가 생산 가격으로 전형하는 것에 관한 마르크스의 설명은 이른바 '전형 문제'를 둘러싼 격렬한 논쟁을 낳았습니다. 이 논쟁을 둘러싼 견해는 너무 다양해서 입문서 성격의 이 책에서는 모두 다루기 어렵습니다. 그 대신 최대한 간략하고 단순하게, 설득력 있는 견해 두 가지를 소개하고 문제 있는 견해 하나를 비판하겠습니다.

논쟁은 '투입물 가치의 전형'이라는 문제에서 시작됐습니다. ≪자본론≫ 3권에서 마르크스는 예시를 하나 들면서 특정한 가치를 담고 생산되는 상품이 어떻게 특정한 생산가격을 갖게 되는지를 보여 줍니다. 그러나 자본가가 생산 투입물을 구입할 때

생산가격이 아니라 가치만큼을 주고 구입하는 것처럼 서술합니다. 마르크스는 ≪자본론≫에서 다음과 같이 말합니다.

최초에 우리는 상품의 비용가격*은 그 상품의 생산에 소모된 상품들의 가치와 같다고 가정했다. 그러나 상품의 구매자에게는 특정 상품의 생산가격이 그 상품의 비용가격이며, 따라서 그 상품의 생산가격이 다른 상품의 가격에 비용가격으로서 포함될 수 있다. 생산가격은 그 가치와 다를 수 있으므로, 어떤 상품의 비용가격에 다른 상품의 생산가격이 포함돼 있는 경우에 이 비용가격은 그 상품의 생산에 소모되는 생산수단의 가치보다 높을 수도 있고 낮을 수도 있다.

* 자본가가 어떤 상품을 생산하는 데 들어가는 비용(추나라).

'전형' 문제에 관한 견해 중 하나는 이 말을, 모든 투입물들 역시 전형돼야 하지만, 매우 복잡한 계산이 필요하다는 것을 뜻한다고 해석합니다. 이 견해에 따르면, 마르크스가 설명한 전형의 근본적 구실은 생산가격이 복잡한 형태의 가치임을 보여 주는 것입니다. 마르크스는 상품의 가격을 계산하는 세밀한 이론에 특별한 관심이 있었던 것이 아니라, 어떻게 가격이 형성되고 어떻게 잉여 가치가 체제 전체에 재분배되는지에 더 관심이 있었습니다. 그러나 투입물의 전형이 새로운 단계로 진입하면 그 본질상 두 가지 체계, 즉 가격과 가치로 분리됩니다. 가치는 노동시간으로 측정하고, 가격은 다양한 공정에서 사용되는 상품을 구하는 데 교환된 화폐의 양으로 측정합니다.

둘째 해석은 '단일 체계' 학파라고 알려졌는데, 이 견해는 1980년대에 여러 형태로 제기됐습니다. 이 견해는 생산가격을 자본가가 투입물을 구입하기 위해 투입해야 하는 가치량으로 규정합니다. 생산가격은 단지 가치가 다양한 부문을 고려해 스스로를 표현하는 방식일 뿐입니다. 그러므로 가격은 여전히 화폐나 노동시간, 즉 ≪자본론≫ 1권에 나온 가치처럼 측정할 수 있습니다. 이 책의 마지막에 제시한 책들은 '전형 문제'에 관한 다양한 해법을 제시합니다.

이 문제에 관해 별 도움은 안 되지만 유력한 해석은 라디슬라우스 보르트키예비치*가 토대를 놓고 20세기 초에 제기된 견해입니다. 이 견해는 앞에서 소개한 첫째 견해와 비슷하게 접근합니다. 그러나 보르트키예비치는 생산의 투입물과 산출물을 함께 고려한 일련의 '연립방정식'을 세우면서 더 나아갑니다. 이런 접근법에는 큰 문제가 있습니다. 이런 견해는 모든 생산 주기에서 처음에 투입되는 상품의 가격과 마지막에 산출되는 상품의 가격이 같다고 가정합니다. 그래서 생산 주기를 1년으로 잡는다면 보르트키예비치의 체계 안에서는, 2009년 1월 1일에 자본가가 구매한 인쇄기 가격이 364일 뒤인 2009년 12월 31일에 생산된 인쇄기 가격과 같아집니다. 그러나 마르크스 경제학

●라디슬라우스 보르트키예비치(Ladislaus Bortkiewicz, 1868~1931) 독일의 통계학자이자 경제학자.

의 주된 특징 가운데 하나는 경제가 균형을 이루지 않는다는 것을 지적한 것입니다. 가격은 자본가가 축적하고 경쟁하면서 변하게 됩니다. 어떤 생산 주기의 투입물 가격을 계산하려면 이전 생산 주기에서 그 상품의 가격이 얼마였는지를 살펴봐야 합니다. 이렇게 간단한 사실을 간과하면 복잡한 방정식을 세울 수는 있어도 마르크스 이론의 핵심을 파괴하게 됩니다.

더 읽을거리

온라인

이 책에서 인용한 마르크스와 엥겔스의 저작은 대부분 "마르크시스트 인터넷 아카이브"(www.marxists.org)에서 볼 수 있습니다. ≪자본론≫, ≪정치경제학 비판 요강≫*, ≪정치경제학 비판을 위하여≫* 전문도 볼 수 있습니다.

≪인터내셔널 소셜리즘≫* 최근 호들은 온라인에서 볼 수 있습니다(www.isj.org.uk). 이 사이트에는 마르크스주의 정치경제학 관련 논문들과 그것을 현대 자본주의에 적용한 논문들이 많이 있습니다.

이 잡지의 예전 논문들은 "마르크시스트 인터넷 아카이브"나 ≪소셜리스트 리뷰≫*와 ≪인터내셔널 소셜리즘≫의 인덱

● Grundrisse. 국역 : ≪정치경제학 비판 요강≫ 1~3, 그린비, 2007.

● Contribution to the Critique of Political Economy. 국역 : ≪정치경제학 비판을 위하여≫, 중원문화, 2007.

● International Socialism.

● Socialist Review.

스 페이지(www.socialistreviewindex.org.uk)에서 볼 수 있습니다. "리지스턴스MP3"(www.resistanceMP3.org.uk)에서는 마르크스주의 정치경제학을 포함한 여러 주제에 관한 훌륭한 연설을 들을 수 있습니다.

경제학자 안와르 샤이크가 쓴 수많은 논문은 온라인에서 구할 수 있습니다(http://homepage.newschool.edu/~AShaikh/). 그가 쓴 "공황론의 역사"*는 이 책의 경제 위기를 다룬 장에 큰 영향을 미쳤습니다. "인플레이션과 실업을 이해하기"*는 인플레이션을 연구하는 마르크스주의자에게 흥미로운 논문입니다.

● "An Introduction to the History of Crisis Theories"

● "Explaining Inflation and Unemployment"

마르크스와 마르크스주의

알렉스 캘리니코스의 ≪칼 마르크스의 혁명적 사상≫*은 마르크스의 이론 전체를 다룬 단연코 최상의 입문서입니다.

마르크스와 엥겔스가 기초를 세운 '아래로부터 사회주의' 전통을 알고자 하는 독자에게는 크리스 하먼이 쓴 ≪21세기 혁명≫*을 추천합니다.

마르크스의 ≪자본론≫*은 다양한 판본이 있습니다. 1887년에 새뮤얼 무어와 에드워드 에이블링이 [영어로] 처음 번역한 하드커버 판본이 널리 보급됐는데, 헌책방에서 쉽게 구할 수 있습니다. 벤 폭스가 번역하고 1976년에 펭귄 출판사가 출판한 판

● The Revolutionary Ideas of Karl Marx(Bookmarks). 국역 : ≪칼 맑스의 혁명적 사상≫, 책갈피, 2007.

● Revolution in the 21st Century(Bookmarks).

● Capital. 국내에는 비봉 출판사와 도서출판 길에서 나온 두 가지 번역서가 있다.

본도 쉽게 구할 수 있습니다. 폭스의 번역은 마르크스가 사용한 용어를 더 정확하게 번역하는 데 주안점을 뒀습니다. 그러나 무어와 에이블링의 번역이 더 읽기 쉬워서, 《자본론》을 노동자도 읽을 수 있게 하려 한 마르크스의 정신에 더 가까운 책이라고 할 수 있습니다.

마르크스와 엥겔스가 직접 쓴 책 중에서 그들의 사상을 가장 잘 소개한 것은 《공산당 선언》*과 《사회주의: 공상에서 과학으로》*, 《임금, 가격, 이윤》*, 《프랑스 내전》*이 있습니다. 마르크스와 엥겔스의 저작 선집도 다양한 판본으로 출판됐습니다. 일부 현대적 저작 선집들은 마르크스의 초기 저작을 중시한 전통적 선집들보다 나은데, 특히 소외 이론을 이해하려면 필수적입니다. 데이비드 매클릴런이 편집한 《칼 마르크스 저작 선집》*과 로버트 터커가 편집한 《마르크스 엥겔스 읽기》*를 추천할 만합니다.

마르크스의 초기 저작과 씨름하고 싶은 사람에게는 이슈트반 메사로시의 《마르크스의 소외 이론》*을 추천합니다. 읽기는 쉽지 않지만 탁월한 길잡이가 될 것입니다.

마르크스주의 정치경제학 입문

크리스 하먼이 쓴 《난장판의 경제학》*은 오랫동안 마르크스

* Communist Manifesto. 다양한 번역서가 있다.

* Socialism: Utopian and Scientific. 국역: 《공상에서 과학으로》, 범우사, 2006.

* Wages, Prices and Profits. 국역: "임금, 가격, 이윤", 《칼 맑스 프리드리히 엥겔스 저작선집》 3권, 박종철출판사, 1997.

* The Civil War in France. 국역: 《프랑스 내전》, 박종철출판사, 2003.

* Karl Marx: Selected Writings(Oxford University).

* Marx-Engels Reader (Norton).

* Marx's Theory of Alienation(Merlin). 《마르크스주의 소외론 연구: 독점자본주의와 노동의 소외》, 청아출판사, 1986에 3장만 번역돼 있다.

* Economics of the Madhouse(Bookmarks). 국역: 《크리스 하먼의 마르크스 경제학 가이드》, 책갈피, 2010.

의 자본주의 분석에 대한 첫 입문서 구실을 해 왔으며, 이 주제를 가장 쉽고 명쾌하게 설명하는 책입니다.

벤 파인과 알프레두 사드-필류가 쓴 《마르크스의 자본론》[*]은 마르크스의 저작에 대한 빼어난 길잡이입니다. 이 책은 주로 학생들을 대상으로 쓴 것인데, 내 책과 비슷한 주제를 다룹니다.

이사크 루빈의 《경제 사상사》[*]는 고전 경제학 이론의 발전에 관해 마르크스주의 학자가 쓴 최상의 안내서이고, 마르크스의 저작을 이해하는 데 도움을 줍니다.

알프레두 사드-필류가 엮은 《반자본주의》[*]는 걸출한 마르크스주의 학자들의 논문을 모은 책인데, 정치경제학 관련 주제를 광범하게 포괄하고 있습니다.

● Marx's Capital(Pluto). 국역 : 《마르크스의 자본론》, 책갈피, 2006.

● History of Economic Thought(Pluto). 국역 : 《경제 사상사 1》, 지평, 1988.

● Anti Capitalism: A Marxist Introduction(Pluto).

마르크스주의 경제학 고급

데이비드 하비의 《자본의 한계》[*]는 기념비적인 책입니다. 하비는 마르크스의 사상을 단순히 소개할 뿐만 아니라 주의 깊게 검토합니다. 하비 자신의 책도 주의 깊게 검토할 만한 가치가 있습니다. 나는 금융자본과 허구적 자본을 다룬 부분에서 하비의 견해를 많이 받아들였습니다. 하비는 마르크스의 지대 개념도 상세히 다루고, 이것이 자본주의 지리학을 이해하는 데 핵심임을 알려 줍니다.

● Limits to Capital(Verso). 국역 : 《자본의 한계 : 공간의 정치경제학》, 한울, 2007.

● Rereading Capital(Macm-illan). 국역 : ≪현대 정치경제학 입문 : 자본주의의 변모와 원론의 재정립≫, 한울, 1985.

● Essays on Marx's Theory of Value(Black Rose). 국역 : ≪마르크스의 가치론≫, 이론과실천, 1989.

● Explaining the Crisis(Boo-kmarks). 국역 : ≪마르크스주의 경제위기론≫, 책갈피, 근간.

● Zombie Capitalism: Global Crisis and the Relevance of Marx(Bookmarks)를 뜻한다.

● Frontiers of Political Econ-omy(Verso).

● Capital and Theory(Pluto).

벤 파인과 로런스 해리스가 쓰고 1979년에 출판된 ≪자본론 다시 읽기≫*는 당시 유행한 강단 마르크스주의의 형식을 띠고는 있지만 마르크스의 이론을 매우 잘 설명한 책입니다. 나는 자본의 유기적 구성과 자본의 가치 구성에 관해 설명한 부분에서 파인과 해리스 책의 도움을 많이 얻었습니다.

이사크 루빈이 쓴 ≪마르크스의 가치론≫*은 읽기는 어렵지만 마르크스주의 경제학의 기초인 가치 개념에 관한 매우 훌륭한 책입니다.

크리스 하먼이 쓴 ≪경제 위기≫*는 마르크스의 이론을 자본주의에 적용해서 자본주의의 발전과 경제 위기의 성격을 규명한 책입니다. 내 책의 마지막 장은 하먼의 책을 많이 참고했습니다.

크리스 하먼은 2009년 말에 출판될 새 책*에서 20세기 자본주의의 발전과 현재 상태(내 책에서는 간단하게 요약한)를 날카롭게 분석했습니다.

굴리엘모 카르케디가 쓴 ≪정치경제학의 프런티어≫*는 어렵지만 훌륭한 책입니다. 이 책에서 카르케디는 마르크스주의 경제학을 현대 자본주의에 적용해 인플레이션, 여러 국민국가 경제의 상호작용, 생산과 순환의 관계를 살펴봅니다.

마이크 키드런이 쓴 ≪자본과 이론≫*은 중요한 논문들을 엮은 책인데, 이제 "마르크시스트 인터넷 아카이브"에서 온라인으로 볼 수 있습니다. 제2차세계대전 이후 군비 지출이 자본주의를 일시적으로 안정시켰다는 키드런의 견해는 자본주의의 '황금기'를 이해하는 데 결정적으로 기여했습니다.

앤드류 클리먼의 최근작 ≪마르크스 자본론의 복원≫*은 ≪자본론≫을 '시점 간 단일 체계론'(내가 '전형 문제'를 다룬 장에서 설명한)으로 설명한 책입니다. 클리먼은 자본주의를 균형 잡힌 고정된 체제라고 보는 관점을 비판하는데, 전체적으로 무척 잘 썼고 재미있는 책입니다.

● Reclaiming Marx's Capital (Lexington).

알프레두 사드-필류가 쓴 ≪마르크스의 가치론≫*은 어려운 (그리고 비싼) 책입니다. 그러나 이 책에서 사드-필류는 마르크스의 '가치론'을 둘러싼 중요한 논점을 제시하고 '전형 문제'에 관한 또 다른 접근법을 제시합니다.

● Value of Marx(Routledge). 국역 : ≪마르크스의 가치론≫, 책갈피, 근간.

헨리크 그로스먼이 쓴 ≪자본주의 체제의 축적과 붕괴의 법칙≫*은 또 다른 고전으로, 자본주의의 위기가 어떻게 축적 과정 자체에서 비롯하는지를 보여 줍니다.

● The Law of Accumulation and the Breakdown of the Capitalist System(Pluto).

마이클 하워드와 존 킹이 쓴 두 권짜리 ≪마르크스주의 경제학의 역사≫*는 마르크스 이후 마르크스주의 정치경제학의 역사를 이해하기 쉽게 설명합니다.

● A History of Marxian Economics(Macmillan).

벤 파인과 디미트리스 밀로나키스는 최근에 ≪정치경제학에서 경제학으로≫*에서 현대 주류 이론에서 고전학파 정치경제학이 갖고 있던 사회적 · 역사적 요소가 어떻게 제거됐는지를 보여 줍니다.

● From Political Economy to Economics(Routledge).

그 외 참고하거나 인용한 문헌

● Capitalism(Polity).

제프리 잉엄의 최근작 《자본주의》*는 마르크스와 케인스를 비롯한 다양한 이론가들의 견해를 다소 절충한 책이지만, 영국의 통화 시스템과 신용 시스템의 발전을 설명한 흥미롭고 유익한 책입니다.

● US Labor in Trouble and Transition(Verso).

킴 무디가 쓴 《곤경에 처한 전환기의 미국 노동자들》*은 미국 경제의 변화와 그것이 미국 노동자들에게 미치는 영향에 대한 풍부한 정보를 담고 있습니다.

● Empire and Imperialism (Zed).

아틸리오 보론이 쓴 《제국과 제국주의》*는 반자본주의 운동에서 영향력이 큰 마이클 하트와 안토니오 네그리의 견해(자본주의가 새로운 노동 형태를 바탕으로 매끄러운 세계 '제국'이 됐다는 견해)를 비판한 책입니다.

● Labour and Monopoly Capitalism(Monthly Review). 국역 : 《노동과 독점자본 : 20세기에서의 노동의 쇠퇴》, 까치, 1987.

해리 브레이버먼의 고전 《노동과 독점자본》*은 20세기에 자본주의 구조가 변하면서 노동계급에게 어떤 영향을 미쳤는지 보여 주는 책입니다. 이 책은 숙련노동과 전문직 노동을 토론할 때 출발점으로 삼기 좋습니다.

● State Capitalism in Russia (Bookmarks). 국역 : 《소련 국가자본주의》, 책갈피, 1993.

● Trotskyism after Trotsky (Bookmarks).

소련의 관료적 국가자본주의에 관심이 있는 독자에게는 토니 클리프가 쓴 《소련 국가자본주의》*를 추천합니다. 클리프가 나중에 쓴 《트로츠키 사후의 트로츠키주의》*는 같은 주제를 좀 더 간략하게 다룬 책인데, 냉전기의 군비 지출이 경제에 미친 영향 등 관련 이론들을 검토합니다.

조녀선 닐은 최근에 마르크스주의 관점에서 지구온난화를 정치적, 경제적으로 분석한 입문서 ≪지구온난화를 멈춰라≫[•]를 썼습니다.

제국주의의 등장에 관심이 있는 독자에게는 레닌의 고전 ≪제국주의 : 자본주의의 최고 단계≫[•]와 니콜라이 부하린의 고전 ≪제국주의와 세계경제≫[•]만한 책이 없습니다. 둘 다 온라인에서 구할 수 있습니다. 알렉스 캘리니코스가 2009년에 출판할 ≪제국주의와 세계 정치 경제≫[•]는 제국주의 이론에 관한 폭넓은 이해를 제공할 것입니다.

● Stop Global Warming (Bookmarks). 국역 : ≪지구온난화를 멈춰라≫, 책갈피, 근간.

● Imperialism: the Highest Stage of Capitalism. 국역 : ≪제국주의, 자본주의의 최고단계로서≫, 돌베개, 1992.

● Imperialism and World Economy. 국역 : ≪제국주의론 : 세계경제와 제국주의≫, 지양사, 1987.

● Imperialism and Global Political Economy(Polity).

찾아보기